CHARLES LAFONT
PROFESSEUR DIPLÔMÉ
MEMBRE DE PLUSIEURS SOCIÉTÉS SAVANTES

LE LIVRE D'OR DES MÉNAGES

RECUEIL
DE
Recettes purement scientifiques
INDISPENSABLES
à la Ménagère, à l'Ouvrier
et à l'Employé

20 CENTIMES
(Algérie, Colonies et Étranger : 25 Cent.)

COLLECTION A.-L. GUYOT
6 et 8, rue Duguay-Trouin, PARIS

LE LIVRE D'OR

DES MÉNAGES

Recueil de Recettes purement scientifiques, indispensables à la ménagère,
à l'ouvrier et à l'employé.

PAR

Charles LAFONT

PROFESSEUR DE SCIENCES

MEMBRE DE PLUSIEURS SOCIÉTÉS SAVANTES

PARIS

Collection A.-L. GUYOT

6 et 8, rue Duguay-Trouin, 6 et 8

OUVRAGES DU MÊME AUTEUR :

La Chimie appliquée à l'Industrie

EN PRÉPARATION :

**Les Connaissances Scientifiques
des Civilisations disparues**

PRÉFACE

Qui de vous, en admirant les bouleversements merveilleux que l'industrie actuelle fait subir à la matière pour élargir sans cesse le domaine du bien-être et du confort, n'a manifesté le regret de ne connaître quelques-uns des secrets de ces admirables transformations ; de n'avoir de la chimie, fée magique ouvrant la marche au progrès, aucune notion véritablement utile et exploitable.

Voilà toute désignée la lacune que l'auteur s'est proposé de combler tant soit peu ; et le titre de cette brochure pourrait être avec plus de justesse « La chimie moderne appliquée aux besoins usuels et au ménage ». Le mobile indicateur a été tout simplement l'idée de la vulgarisation scientifique ; le désir de mettre un peu de science positive et directement utile à la portée de l'humble et du petit.

Jusqu'à présent, que nous ne sachions, peu de chose a été fait dans ce sens. Les manuels donnant dans le genre, ne présentent pas la netteté de principes, la classification et l'entendement nécessaires, la spécialisation des formules, que nous trouvons réunies ici.

Ce livre est divisé en dix chapitres formant un

ensemble complet. Les neuf premiers se rapportent aux principales occupations et fonctions de la vie journalière, et le dixième est un petit exposé de conseils d'hygiène, présenté sous un jour des plus clairs et des plus précis.

Les recettes sont développées avec la plus grande netteté et concision; le style y a été parcimonieusement ménagé, laissant toute la place aux *données précises*, raison d'être de la brochure. Les circonlocutions de paroles et l'ambiguïté des termes en ont été soigneusement bannis. Tout en s'étant efforcé d'être bref, l'auteur n'a eu garde d'omettre les explications nécessaires pour faire bien comprendre le *pourquoi de la chose* et la raison des phénomènes.

Ce livre sera une source d'économie et de développement d'initiative, non seulement pour la femme rangée, l'ouvrier à l'éducation ordinaire, mais aussi pour l'homme cultivé. Il y trouvera une foule de choses insoupçonnées, capables de lui ouvrir de nouvelles voies dans le champ de ses investigations.

Comte de SAINT-REMY
Ancien officier
Membre du *GRAND PRIX HUMANITAIRE*

CHAPITRE PREMIER

Taches, Étoffes, Vêtements

laine ou de coton composant les étoffes. — Nettoyage des Chapeaux de paille. — de feutre. — Remise à neuf des haut-de-forme. — Nettoyage des Gants. — Lustrage des Gants. — Nettoyage des Fourrures. — Conservation des Fourrures. — Préparation facile de Peaux d'animaux pour Fourrures.

Taches de graisse

Nous allons donner plusieurs recettes toutes plus économiques les unes que les autres, afin qu'à défaut de l'une on aie toujours la ressource de recourir à l'autre.

Premier moyen

La composition suivante est une eau qui enlève à la perfection toutes les taches de graisse sur n'importe quelle étoffe sans en altérer la couleur ni l'éclat.

On mélange dans les proportions suivantes :

        Essence de térébenthine.. 250 parties
        Alcool à 40°...............   31   —
        Éther sulfurique...........   31   —

Deuxième moyen

Prenez une once de borax (30 grammes) et une de camphre; faites dissoudre ces deux produits dans un peu d'alcool. Mettez cette dissolution dans un litre d'eau et agitez fortement.

Cette eau nettoie parfaitement et n'altère pas du tout les tissus ; il faut avoir soin de tenir la bouteille qui la contient, toujours bien bouchée.

Troisième moyen

L'eau de haricots a la propriété d'enlever les taches des tissus sans aucun préjudice pour les couleurs.

On fait cuire des haricots blancs, bien secs, dans une quantité d'eau suffisante, mais il faut se garder d'y mettre du sel qui neutraliserait l'action du liquide. On fera varier la proportion d'eau selon la force de concentration que l'on voudra donner au produit. On décantera cette eau de cuisson et on la fera refroidir lorsque les haricots seront devenus tendres.

(Le mot *décanter* qui sera souvent employé dans le cours de cette brochure, signifie qu'il faut séparer un liquide de tous les résidus vaseux ou solides.) On y trempera ensuite les étoffes à détacher, ou simplement la partie en question et l'on frottera sans savon.

Les taches d'encre, pourvu qu'elles ne soient pas trop vieilles ou que l'encre ne soit pas trop corrosive, celles de graisse, de vin rouge, etc..., soit sur le blanc, soit sur les étoffes de couleur, disparaissent par ce traitement.

Les étoffes de soie, de laine ou de coton noires

ou en couleur, deviennent comme neuves si on les lave à l'eau de haricots tiède.

Il faut environ 500 grammes de haricots pour 4 litres d'eau sans savon. Après le lavage, on doit rincer à l'eau tiède, mettre à sécher et repasser ensuite.

Quatrième moyen

Ce quatrième moyen est un des moins coûteux et donne des résultats d'une efficacité parfaite. C'est du lierre qu'il s'agit.

Le lierre contient un principe actif appelé *hédérine* qui détache tous les tissus, ce principe est localisé en plus grande abondance dans les feuilles. Aussi ces dernières sont-elles employées par les teinturiers pour remettre à neuf, sans nuire à la solidité du fil, les robes de drap et autres étoffes tachées et défraichies.

Pressez une vingtaine de feuilles de lierre, lavez-les et ensuite versez dessus un demi-litre d'eau bouillante et laissez macérer deux heures. Trempez ensuite les vêtements à détacher dans cette solution et au besoin brossez. Après un bain de quelques instants, vous verrez les couleurs s'aviver, et l'étoffe reprendre son aspect primitif. On nettoie de même avec cette eau, la soie, les rubans noirs défraichis. Il ne faut pas les repasser après leur remise à neuf.

Faisons remarquer en passant que l'*hédérine* est un poison violent et que par conséquent, les feuilles de lierre ne doivent pas être laissées à la portée des jeunes enfants qui ont la manie de tout porter à leur bouche.

Taches d'encre

Voir ci-dessus : (propriété de l'eau de haricots).

Premier moyen

Quelques gouttes d'essence de térébenthine ajoutées à l'eau de savon, enlèvent la plupart des taches de cette nature.

Deuxième moyen

On enlève aussi les taches d'encre et de rouille sur les vêtements et sur le linge, en y appliquant dessus le jus de tomates mûres.

Troisième moyen

M. Mosnier, professeur au lycée de Tulle, a découvert un nouveau procédé pour enlever les taches faites par n'importe quelle encre sur les étoffes, la laine et le papier. Il consiste à plonger la partie tachée dans une solution de permanganate de potassium. Il faut environ 30 grammes de ce produit par litre d'eau. On passe ensuite sur l'étoffe un peu d'acide chlorhydrique commercial et on la lave à l'eau claire.

Taches de rouille

Cette formule sera accueillie à bras ouverts par toutes les ménagères soucieuses de la bonne tenue de leur lingerie. C'est si fréquent cette souillure tenace de la rouille !

      Oxalate de potasse........   5 grammes
      Jus de citron.............   5   —
      Eau 80   —

Trempez la partie tachée dans cette solution et puis, s'il est nécessaire, rincez à l'eau froide.

Taches de café

Pour enlever les taches de café sur les couleurs délicates, on lave ces taches avec un jaune d'œuf délayé dans un peu d'eau.

Taches de fruits

L'eau bouillante enlève la plupart des taches de fruits. On la verse comme au travers d'une passoire, afin de ne pas mouiller plus d'étoffe qu'il n'en faut.

Autre moyen

On peut de même enlever très rapidement une tache de fruits sur une étoffe, en mettant à contribution les propriétés de l'acide sulfureux. On mouille l'endroit taché que l'on place au-dessus d'un petit cornet en carton formant cheminée, à l'entrée duquel on allume un morceau de soufre ou un petit paquet d'allumettes. L'acide sulfureux qui se produit monte dans le cône, se dissout dans l'eau qui imbibe la tache et la fait disparaître entièrement. Il ne reste plus qu'à laver l'étoffe à grande eau.

Taches d'acides

Les taches faites par quelque acide disparaissent en faisant dessus une simple application d'ammoniaque liquide. Une application de chloroforme est ensuite nécessaire pour restaurer la couleur disparue, s'il s'agit d'une étoffe autre que du linge blanc. Le chloroforme est inflammable et par conséquent l'opération doit être faite loin du feu.

Taches de bougie

Pour enlever les taches de bougie, l'opération est des plus faciles. Il suffit de mouiller la partie souillée avec de l'esprit de vin. La bougie devient alors pulvérulente. On laisse l'alcool s'évaporer entièrement, ensuite l'on secoue à l'aide de quelques chiquenaudes et l'on brosse.

Si l'alcool ne s'était entièrement évaporé, la brosse ferait pénétrer dans le drap la bougie pulvérulente.

Taches de peinture

(Voir : Essence de térébenthine.)

La plupart des liquides employés à l'enlèvement des taches de peinture, d'huile ou de vernis, doivent leur efficacité à la présence d'alcalis caustiques, mais ceux-ci exercent une action assez funeste sur les substances d'origine organique telles que la laine et la soie. On peut toutefois combattre cette action destructive sans diminuer l'efficacité spéciale de ces liquides et cela en émulsionnant une huile minérale dans la solution d'alcali caustique. Pour maintenir l'émulsion, il faut la présence d'une substance inerte en poudre, telle que la brique ou la pierre ponce, dont l'action contribue à faciliter l'enlèvement de la tache.

D'après ces succintes explications, voici quelle serait la meilleure formule :

Soude caustique	20 parties
Eau	100 —
Huile minérale	20 —
Brique pilée ou pierre ponce	5 —

On brasse jusqu'à émulsion complète. Ce liquide est mis ensuite dans des bouteilles que l'on a soin de tenir soigneusement bouchées.

Taches d'huile

On peut enlever les taches d'huile en opérant comme pour celles de peinture, nous l'avons vu. Néanmoins, nous croyons utile d'indiquer un moyen encore beaucoup plus simple et tout aussi infaillible, qui peut être employé pour les soies les plus fines, comme pour les étoffes les plus grossières. Il consiste à recouvrir entièrement l'endroit taché, de plâtre sec qui doit être renouvelé tous les deux jours et cela cinq ou six fois selon la quantité d'huile répandue. Au bout d'une quinzaine de jours, vous battez fortement votre étoffe et il ne reste plus trace de la tache.

Restauration du velours

Pour restaurer le velours froissé ou plissé, on met une plaque de métal sur un réchaud rempli de charbon incandescent et sur cette plaque, on place une toile mouillée qui doit supporter elle-même l'envers du velours. Puis, l'on brosse doucement dans le sens des poils, à tous les endroits déformés. Il faut mouiller sans cesse le morceau de toile pour éviter toute passation trop brusque.

Nettoyage du satin blanc

Le satin blanc qui est pourtant si fragile et si délicat, se laisse nettoyer par le plus simple des procédés. On fait sécher au feu de la mie de pain, on l'écrase et après l'avoir tamisée, on la mélange à une quantité égale de bleu pulvérisé. Ce mélange doit être passé sur l'étoffe avec une brosse douce, en frottant légèrement. Ensuite, on enlève la poudre en essuyant dans le sens des poils avec un linge propre et moelleux.

Remise à neuf des soieries

(Voir ; Taches de graisse. — Propriété de l'eau de haricots).

Il faut d'abord les découdre entièrement, puis frotter chaque morceau avec une brosse imbibée du mélange suivant :

```
Miel.............................  125 parties.
Savon noir.......................  250   —
Eau-de-vie.......................  500   —
```

Le savon et le miel avant d'être mélangés à l'eau-de-vie, doivent être fondus ensemble sur le feu avec toutes les précautions voulues. Lorsque les pièces de soieries ont été frottées avec soin, on les trempe pendant quelques moments dans le mélange.

Après, on les rince consécutivement dans 3 ou 4 eaux sans les tordre. Une fois qu'elles sont sèches, on les repasse à l'envers, en interposant entre le fer et le tissu un morceau de coton,

Manière de laver les dentelles

On enroule la dentelle sur une bouteille, et après l'avoir recouverte d'un morceau de mousseline blanche fixée par quelques points, on prépare une bonne eau de savon en assez grande quantité pour que la bouteille y plonge toute entière. On met le tout sur un feu moyen pendant une heure. Durant ce laps de temps, l'eau de savon doit être renouvelée deux ou trois fois. L'opération se complète par un rinçage à l'eau froide.

Remise à neuf des rubans de soie et des mouchoirs

Il faut les laver dans l'eau chaude, à laquelle on ajoute une cuillerée à bouche d'alcool, mélangé d'esprit pyroxilique et les repasser encore humides.

Pour remettre à neuf les voilettes

Il suffit de les exposer pendant quelques moments aux vapeurs de l'eau bouillante.

Pour faire revivre les couleurs

Pour raviver les couleurs, on peut mettre à profit la propriété des feuilles de lierre. (Voir quatrième moyen d'enlever les taches de graisse), ou bien recourir au moyen suivant, qui ne donne jamais d'insuccès : Prenez une éponge, imbibez-la de chloroforme méthylé et passez-la sur la partie défraîchie. La couleur reviendra instantanément et aussi voyante que le jour où vous avez pris livraison de votre habit.

Il faut éviter de respirer en trop grandes quantités les vapeurs dégagées pendant l'opération et surtout se tenir loin du feu à cause de la très grande inflammabilité de ce liquide.

Habits froissés et plissés

Lorsque l'on sort de sa malle ou du fond de sa garde-robe, quelque vêtement plissé et déformé, il ne faut pas le repasser, s'il est en laine ou en coton ; le mieux est de le suspendre librement, après avoir humecté légèrement avec une éponge ou un linge mouillé, les endroits les plus froissés. Tous les plis même les plus prononcés, sont disparus au bout d'une demi-journée.

Pour enlever aux pantalons la forme du genou

On mouille le drap à l'envers et l'on passe dessus un fer chaud, de manière à bien sécher le drap.

Délustrage des vêtements

Après un long usage ou un contact ininterrompu avec les chairs ou les tables, les vêtements de bonne qualité au lieu de se déchirer, deviennent luisants ; ils se lustrent, donnant un peu l'illusion de toiles cirées. Vous reconstituerez leur virginité première en les frottant avec la pierre ponce trempée dans une solution de deux parties d'eau pour une de sulfate d'arsenic.

Pour aviver la couleur des étoffes noires

Enfermez-les dans un petit sac en toile claire et faites-les bouillir dans une chaudière en cuivre avec une quantité d'eau suffisante pour que l'immersion de l'étoffe à raviver puisse être complète.

L'étoffe est d'abord lavée à l'eau chaude, puis plongée toute humide dans la cuve. On laisse bouillir une demi-heure, après quoi, on la retire et l'on met dans le bain 8 à 10 grammes de sulfate de fer (qui est un mordant et servira à fixer la couleur). Il faut agiter pour favoriser la dissolution de ce sel. L'étoffe est replongée dans le mélange et laissée une demi-heure ; on la retire ensuite et une fois qu'elle est refroidie, on la rince à l'eau froide.

Moyen d'empêcher les flanelles de se rétrécir

Placez les flanelles dans une terrine et couvrez-les de savon râpé de Marseille. Jetez dessus de l'eau bouillante jusqu'à en remplir le vase et agitez les flanelles en tous sens. Retirez-les et replongez-les quatre ou cinq fois dans cette eau de savon sans les frotter; rincez-les en dernier lieu à l'eau froide.

Comment on éloigne les mites

Ce moyen est paraît-il sans précédent. Il suffit d'envelopper aussi exactement que possible les objets à préserver avec des vieux journaux. L'odeur de l'encre d'imprimerie répugne aux mites, qui vont élire domicile ailleurs.

Comment on répare les habits sans les coudre

Lorsqu'un habit a reçu un accroc, pour si bien raccommodé qu'il soit, cet accroc reparaît toujours un peu, ce qui vous défrise complètement un vêtement.

Il y a pourtant un moyen bien simple de réparer solidement et sans fil, une déchirure si grande soit-elle : Procédez tout d'abord au rapproche-

ment des parties déchirées et replacez les fils de
la chaîne et de la trame dans leur sens respectif.
Puis introduisez entre la doublure et le drap dé-
chiré une lamelle de gutta-percha. Ceci fait,
posez sur le tout un fer chaud et la pièce est
jouée.

La gutta-percha est une substance qui se
ramollit dans l'eau chaude, se laisse mouler
entre les doigts et reprend sa consistance en se
refroidissant.

Imperméabilisation des étoffes

M. Lamy, le couturier bien connu, a trouvé
une formule d'imperméabilisation complète des
étoffes, qui fait du reste l'objet d'un brevet. Elle
consiste à passer les étoffes dans une solution de
savon, composé de deux parties de résine et
d'une de carbonate de soude. Cinq à six grammes
de ce savon par litre d'eau suffisent. Après cette
première opération, on trempe le tissu dans un
bain ainsi composé :

Alun..............................	10 grammes	
Sulfate de zinc.................	10	—
— de magnésie............	10	—

par litre d'eau. L'étoffe doit être laissée dans le
bain deux ou trois heures, puis finalement on la
passe dans une eau contenant 2 grammes de
carbonate de soude par litre,

Imperméabilisation des nappes

Voici un autre système d'imperméabilisation tout récent et remarquablement simple, qui peut s'appliquer à tout espèce de linge et à toutes les étoffes de lin, de chanvre et même de coton :

Prenez un blanc d'œuf, délayez-le dans une solution d'alun blanc et imbibez la nappe de ce composé ; lorsqu'elle sera sèche, elle pourra contenir un liquide comme le ferait un morceau de peau tannée ou de parchemin, et ne se tachera pas.

Le fait s'explique ainsi : le mélange d'albumine et d'alun, produit par la dessication une matière insoluble, qui obstrue les pores du tissu et ne permet plus au liquide de filtrer à travers l'étoffe.

Etoffes incombustibles

La Société d'*encouragement au bien* a couronné le procédé d'incombustibilité suivant :

Sulfate d'ammoniaque	8 parties
Carbonate —	2 —
Acide borique	8 —
Borax pur	1 —
Amidon	2 —
Eau	100 —

Les tissus et les bois trempés dans cette solution, sont complètement à l'abri du feu même s'ils étaient exposés durant quatre ou cinq mois dans une étuve chauffée continuellement à 45 ou 50 degrés.

Manière de reconnaître la composition d'un vêtement

Quand vous êtes pour acheter un habit ou un coupon d'étoffe que l'on vous assure être de pure laine, faites vous délivrer un échantillon et soumettez-le à l'expertise suivante : Mouillez d'acide azotique l'étoffe suspecte et faites-la sécher à côté d'un poêle ou au soleil, pendant huit minutes. Au bout de ce temps les filaments de laine se seront colorés en jaune et ceux de coton seront restés ou devenus blancs.

Nettoyage des chapeaux de paille

Premier moyen

On prend un citron que l'on coupe en deux et l'on pressure chaque moitié sur la partie salie. Avec un linge on frotte la paille énergiquement, qui se débarrasse alors de la poussière crasseuse et reprend sa couleur primitive.

Deuxième moyen

Une fois que le chapeau a été dégarni, on s'assure qu'il n'a plus de laiton ou de fil de fer autour. Ensuite, on le lave à grande eau de savon, en le brossant dans tous les sens. Après l'avoir ensuite rincé à l'eau claire, on le suspend pour le faire sécher.

Pour le blanchir, on l'enferme dans une boîte sans couvercle, que l'on renverse à terre, après avoir mis dedans une soucoupe contenant du soufre allumé.

Il faut bien calfeutrer la boîte pour empêcher la fumée de s'échapper au dehors. Le chapeau redeviendra très blanc, il ne restera plus qu'à l'humecter pour le remettre en forme.

Nettoyage des chapeaux de feutre

Pour nettoyer les chapeaux de feutre, il faut se servir d'ammoniaque que l'on applique avec une brosse dure. La grande concentration de ce liquide n'est pas de rigueur, on peut donc l'additionner d'une assez forte quantité d'eau.

Remise à neuf des haut-de-forme

A force de porter son gibus chez le chapelier, pour lui faire donner un coup de fer, on arrive parfois jusqu'à le payer le double du prix d'achat.

Désormais, vous pourrez rayer de votre budget

ce supplément de dépenses; car en employant le moyen suivant, vous remettrez vous-même votre huit-reflets en état. Prenez un chiffon bien propre et bien uni, imbibez-le de pétrole et passez-le ensuite sur les parties délustrées, les poils s'aligneront de nouveau dans le sens de leur position normale et l'ensemble redeviendra brillant et uni.

Comme vous le voyez la formule ne coûte pas cher et je vous affirme qu'elle donne d'excellents résultats.

Nettoyage des gants

Il existe une foule de procédés pour nettoyer soi-même les gants sales; nous n'en citerons que deux, car ils nous paraissent les meilleurs en ce sens qu'ils n'abiment jamais le cuir, tout en le nettoyant très bien.

Premier moyen

Lavez vos gants sales dans la solution suivante :

Lait....................... 1000 parties
Carbonate de soude.......... 5 »

Après les avoir laissés quelques moments dans le mélange, on les frotte et on les rince à l'eau claire.

Si les gants à nettoyer sont trop crasseux, on les remet plus complètement à neuf en employant le deuxième moyen.

Deuxième moyen

La composition suivante est une sorte de pâte que les camelots colportent et qu'ils vendent même assez cher.

    Savon en poudre................ 250 parties
    Ammoniaque   10   »
    Eau de Javel..................   100   »
    Eau de pluie..................   100   »

Vous induisez de cette pâte un chiffon de flanelle et vous en frottez les gants.

Lustrage des gants

Pour rendre aux gants lavés le lustre et le brillant moelleux qu'ils avaient lorsqu'ils étaient neufs, on emploie de la poudre de talc, ou craie des tailleurs. Lorsque le gant est sec, on le met à la forme ou aux doigts et on le saupoudre de talc finement pulvérisé. Ensuite, on frotte en polissant avec un morceau de flanelle douce.

Nettoyage des fourrures

Pour bien nettoyer les fourrures, on fait chauffer au four un mélange à parties égales de farine et de sel. On frotte les fourrures avec cette poudre; après on les suspend à une corde et on les bat doucement pour enlever toutes les particules poussiéreuses.

Conservation des fourrures

On met dans la même pièce les fourrures, tapis et autres étoffes que l'on suppose abriter de la vermine ou des germes de putréfaction.

On fait brûler dans une assiette une ou deux poignées de poudre de pyrèthre. Les fenêtres doivent être fermées et il est superflu de dire que l'on ne doit pas rester dans la chambre à cause de l'odeur suffocante. Au bout d'une heure, les insectes, vers, punaises et toutes leurs éclosions sont à jamais détruits.

Préparation facile de peaux d'animaux pour fourrures

Voici un procédé de mégisserie (on peut le dire, instantané, qui peut s'appliquer à toutes sortes de peaux (de lapin, de lièvre, de renard, de mouton, de chèvre, etc.).

Fraîchement enlevée, la peau est mise dans de l'eau claire pendant vingt-quatre heures.

On en râcle ensuite les chairs, la graisse, les fibres, au moyen d'un couteau à lame peu tranchante.

Ensuite commence l'opération proprement dite.

Pour une peau de grandeur moyenne, il faut de 6 à 8 litres d'eau que l'on met à chauffer. On y verse 500 grammes d'alun, 250 grammes de sel de cuisine qu'on laisse fondre et bouillir.

Quand le bain est refroidi à pouvoir y mettre la main, on y plonge la peau, on l'y pétrit pendant un quart d'heure et on la laisse tremper dans la dissolution pendant quarante-huit heures.

On répète une deuxième fois l'opération du bain en lui donnant une durée égale. Le mégissage est fini, reste le séchage.

Retirées du bain, les peaux sont étendues à l'ombre, le poil en-dessous sur des perches à dos rond séparées de leur écorce à cause du tanin que renferme celle-ci. Ainsi étendues, elles doivent sécher lentement.

Lorsqu'elles sont à moitié sèches, on les étire deux fois par jour jusqu'à ce qu'elles soient blanches et souples.

Une troisième opération reste encore à faire ; il faut dégraisser les poils. On couche la peau sur une planche, on y tamise dessus des cendres de bois jusqu'à ce que tous les poils soient bien saupoudrés. On laisse en repos pendant vingt-quatre heures.

Après quoi l'on bat la peau et l'on peigne les poils dans le sens de leur direction naturelle.

CHAPITRE II

Entretien du linge et nettoyages

Composé pour le blanchissage. — Les avantages du borax. — Pour marquer le linge. — Des applications de l'essence de térébenthine. — Emploi de la glycérine. — Pour remettre à neuf le linoleum et les toiles cirées. — Nettoyage des ustensiles en tôle de fer. — Nettoyage des ustensiles en étain. — Nettoyage des cuivres. — Nettoyage des cuivres dorés, de l'argenterie. — Nettoyage des bijoux et objets dorés. — Nettoyage des couteaux de table. — Noir mat pour les objets en fer. — Bronzage du fer. — Pour garantir le fer de la rouille. — Vernis pour le cuivre. — Galvanoplastie facile. — Nettoyage des bois vernis et des boiseries. — Conservation des meubles. — Encaustique à froid pour meubles et parquets. — Encaustique pour parquets. — Vernis au coaltar. — Vernis au caoutchouc. — Nettoyage des carafes et bouteilles. — Débouchage des flacons et des carafes.

Composé pour le blanchissage

Voici un excellent composé qui répond tout particulièrement à son but et qui surtout n'abîme jamais le linge.

Prenez 600 parties d'eau en poids, faites-la bouillir, puis ajoutez-y 290 parties d'alcali siliceux et peu à peu 75 parties de résine. Il faut ensuite compléter ce mélange par l'addition successive de 50 parties de savon blanc râpé, de 50 parties d'alun en poudre grossière et de 29 de bicarbonate de soude. Tout cela se fusionne en remuant constamment.

Chaque fois ensuite que vous voudrez blanchir du linge, vous prendrez un peu de cette composition que vous mettrez dans l'eau à laver. Le nettoyage s'effectuera sans presque le secours de la brosse.

Les avantages du borax

Nous allons énumérer ici simplement quelques-unes des propriétés du borax concernant la partie dont nous nous occupons.

Le borax est une excellente poudre pour le blanchissage.

Les ménagères belges et hollandaises qui ont la renommée d'avoir un linge blanc comme neige, attribuent ce résultat à l'emploi qu'elles font du borax. Il en faut à peu près une poignée pour quarante litres d'eau de lessive. Le borax est un sel neutre et par conséquent n'abime jamais le linge le plus fin.

L'eau dans laquelle on a fait fondre du borax est excellente pour laver les rubans de toutes sortes, de même que les laines, les flanelles et les couvertures. Si on lave dans cette eau des nappes à bordures rouges, le rouge ne déteint pas sur le blanc et la couleur ne se ternit pas.

Le borax mélangé à l'amidon donne au linge un brillant splendide.

En rinçant les vêtements des enfants dans une eau de borax, on leur communique une certaine incombustibilité, c'est-à-dire qu'au lieu de prendre feu instantanément, ils brûleraient lentement et sans flamme.

Si les meubles ou boiseries sont rongés par les vers, il n'y a qu'à les saupoudrer de borax pour détruire ceux-ci.

Les fourrures et les vêtements saupoudrés de borax sont préservés des mites.

Pour marquer le linge

Un moyen bien simple pour marquer le linge en un tour de main, est celui-ci : on prend un cachet quelconque non creux mais en relief, que l'on chauffe assez fortement; on l'applique ensuite sur la partie désignée qui a été au préalable recouverte de sucre en poudre.

Cette marque qui, en réalité, est une brûlure superficielle, ne s'efface jamais. Il est sous-entendu qu'elle doit être faite sur la patte ou sur tout autre endroit qui ne compromet en rien la solidité du linge.

Applications de l'essence de térébenthine

Il devrait y avoir dans chaque ménage une bouteille d'essence de térébenthine à cause des nombreux services qu'elle rend.

Enumérons-en quelques-uns :

1° Si on met quelques gouttes de cette essence dans la lessive, elle rend le linge plus blanc sans toutefois le brûler.

2° Mêlée au saindoux épuré ou à l'axonge que l'on a fait fondre au bain-marie, elle constitue une excellente pommade pour combattre les rhumatismes. On obtient encore le même effet en la mélangeant à un peu d'huile camphrée.

3° On peut combattre les vers chez les enfants et le mal de reins chez les grandes personnes, en mettant quelques gouttes d'essence de térébenthine sur un morceau de sucre que l'on avale.

4° Elle enlève un grand nombre de taches de peinture.

Emplois de la glycérine

Une cuillerée à café de glycérine ajouté à l'eau de lessive, aide puissamment à blanchir le linge.

Appliquée sur les chaussures, les guêtres de cuir, etc..., qui ont été mouillées et déformées par l'eau et la boue, elle ramollit le cuir et l'empêche de se couper.

Une cuillerée à café de glycérine ajoutée à chaque livre de farine lorsqu'on fait le pain ou un gateau, rend la pâte meilleure et lui communique une odeur alléchante.

Lorsqu'on fait des confitures, en ajoutant un peu de glycérine à la purée de fruits, on supprime la cristallisation hâtive qui fait le désespoir des ménagères économes.

La glycérine s'emploie en applications extérieures pour guérir les crevasses, et à petites doses intérieures pour guérir les refroidissements.

Pour remettre à neuf le linoléum et les toiles cirées

Rien n'est meilleur pour remettre à neuf le linoléum que l'essence de térébenthine. On en

2

met quelques gouttes sur un vieux chiffon et l'on frotte modérément.

Les toiles cirées ne doivent jamais être lavées à l'eau chaude, car la chaleur fait craquer le vernis.

Nettoyage des ustensiles en tôle de fer

Lorsque des ustensiles en tôle de fer, casseroles, théières, etc..., ont été noircis par le feu, on peut les remettre à neuf en se servant de la composition suivante : On mélange de la cendre de bois avec de l'huile ordinaire, de manière à former une pâte. On applique cette mixture sur l'ustensile et l'on frotte vigoureusement avec un chiffon.

Nettoyage des ustensiles en étain

Le pétrole a la propriété de faire briller comme de l'argent, les ustensiles en étain. Il suffit d'en verser un peu sur un chiffon de laine et d'en frotter le métal avec.

Autre moyen

Si l'on n'a pas de pétrole à sa disposition, on se servira tout simplement de blanc d'Espagne légèrement humecté.

Nettoyage des cuivres

Le liquide suivant vous nettoiera tous vos cuivres sans presque le secours du frottage et le brillant ne s'altérera pas à l'air. Commencez par faire fondre 30 grammes de sel d'oseille dans un litre d'eau. D'autre part, diluez un peu de poussier de bois blanc dans quatre cuillerées d'esprit-de-vin et deux d'essence de térébenthine, puis mettez le tout dans la dissolution du sel d'oseille.

Agitez fortement et bouchez avec soin la bouteille.

Autres composés de nettoyage

1ᵉʳ composé

Acide oxalique	20	parties
Eau	125	»

2ᵉ composé

Acide sulfurique du commerce	30	parties
Alun	8	»
Eau	125	»

3ᵉ composé

Acide oxalique	8	parties
Acide sulfurique	8	»
Terre pourrie	78	»
Eau	1 litre	

Toutes ces compositions, la seconde surtout, nettoient parfaitement les cuivres les plus oxydés, mais le poli obtenu se ternit rapidement à l'air.

Nettoyage des cuivres dorés

On frotte les cuivres dorés avec une brosse douce trempée dans de l'eau de savon très chaude, mais non bouillante. On les lave ensuite à l'eau froide et on les fait sécher à l'air sans les essuyer. Lorsqu'ils sont bien secs, on les passe à la peau de daim ou on les frotte avec un linge fin.

Nettoyage de l'argenterie

On forme une pâte légère avec du blanc d'Espagne, de la crème de tartre et de l'alun pulvérisé délayé dans de l'eau.

Les objets sont frottés avec un tampon imbibé de cette pâte.

Une fois qu'ils sont secs, on les passe à la peau de daim.

Si l'argenterie a été tachée par quelque acide, le poisson ou les œufs, on frottera les pièces avec un linge imbibé d'ammoniaque.

Nettoyage des bijoux et objets dorés

Dans un verre d'eau ordinaire, ajoutez 20 gouttes d'ammoniaque, ensuite trempez à plusieurs reprises la pièce à nettoyer et frottez-la avec une brosse à crins doux. Mettez-la ensuite dans un bain d'eau pure et essuyez-la avec un linge imbibé d'alcool.

L'ammoniaque peut être remplacé par une dissolution bouillante d'alun dans de l'eau.

Autre moyen

Une simple purée de pommes de terre bien chaude, donne un brillant inaltérable aux objets dorés et à l'argenterie, et on les nettoie parfaitement.

Si l'on veut donner à l'argenterie un cachet ancien, on frotte chaque objet avec une peau imbibée de pétrole.

Pour nettoyer le métal blanc, on procède comme pour l'argenterie.

Nettoyage des couteaux de table

Lorsque les lames des couteaux sont tachées, on les frotte avec un citron, puis on les passe à la brique anglaise.

Il ne faut jamais tremper les couteaux dans l'eau bouillante, car celle-ci détériore les meilleurs aciers.

Noir mat pour les objets en fer

Les objets en fer et en acier se colorent d'un noir mat qui persiste tout le temps et ne s'en va point par le frottement, si on les enduit de la composition suivante :

Chlorure de mercure............ 2 parties
Chlorure de cuivre............ 1   »
Acide chlorhydrique............ 6   »
Alcool............ 5   »
Eau............ 50   »

Avant de mettre dans la dissolution l'objet à traiter on le décatisse, c'est-à-dire qu'on le débarasse bien de toute impureté qui empêcherait l'adhérence. On peut les frotter pour cela avec un chiffon imbibé d'acide sulfurique, ou mieux, d'acide azotique.

Dans le cas où le bain ne peut être pratiqué, on applique le mélange à la brosse douce, ensuite on passe dessus une éponge imbibée d'eau chaude.

De la sorte, le fer est galvanisé et se trouve désormais à l'abri de la rouille.

Pour bronzer le fer

Pour donner au fer une teinte bronzée, on le soumet pendant quatre ou cinq minutes à l'action des vapeurs d'un mélange, à parties égales, d'acide chlorhydrique et d'acide nitrique concentrés. Après on l'enduit de vaseline et on le chauffe jusqu'à ce que celle-ci commence à se décomposer.

Pour garantir le fer de la rouille

Pour empêcher le fer de s'oxyder, servez-vous des deux procédés suivants :

Mélangez 500 parties de lard fondu à 15 parties de camphre en poudre. Laissez reposer 24 heures, après étendez sur le fer, à l'aide d'un chiffon, cet enduit protecteur.

Autre moyen

Faire fondre au bain-marie :

Axonge	250 grammes
Camphre en poudre	16 »

Lorsque le camphre est entièrement dissous, retirez le vase du bain-marie et ajoutez-y de la mine de plomb en quantité suffisante pour donner à la graisse la couleur du fer. Enduisez de cette composition, pendant qu'elle est chaude, les objets à préserver de la rouille.

Quelques instants après, essuyez avec un linge mou et bien sec.

Vernis pour le cuivre

On polit au préalable le cuivre s'il ne l'est déjà, puis on le badigeonne avec le mélange suivant :

Sandaraque	112 parties
Résine	28 »

On fait dissoudre ces deux matières dans 500 parties d'alcool à 90° et on y ajoute une vingtaine de gouttes de glycérine.

Galvanoplastie facile

Monsieur Manduit, de Poitiers, a découvert un procédé de galvanoplastie fort simple et avec lequel on obtient toutes les couleurs, depuis le bronze barbedienne au vert antique, selon qu'on laisse plus ou moins longtemps en contact avec le cuivre.

Voici décrite la façon de procéder :

Après avoir bien décapé les pièces, c'est-à-dire après en avoir enlevé toute particule de corps étranger au moyen de l'acide azotique ou autrement, on passe dessus avec un pinceau, le mélange préparé dans l'ordre suivant :

Huile de ricin............	20	parties
Alcool	80	»
Savon mou.................	40	»
Eau.......................	40	»

La pièce est laissée ensuite dans un coin, le lendemain elle se trouve bronzée. Si le drain se prolonge, on obtient une infinité de tons agréables à l'œil.

On sèche à la sciure chaude et l'on passe dessus un vernis incolore très additionné d'alcool.

Nettoyage des bois vernis et des boiseries

Les taches sur les meubles et les bois vernis, s'enlèvent avec du pétrole.

On peut encore se servir de la bière que l'on fait chauffer un peu. Une fois la tache enlevée, il faut vernir la place avec de la composition suivante :

> Savon coupé en petits morceaux. 15 gram.
> Cire râpée...................... 10 »
> Quelques gouttes d'essence de térébenthine.

On chauffe ce mélange, en s'entourant de toutes les précautions voulues, jusqu'à complète fusion.

On le passe ensuite sur les endroits voulus à l'aide d'un chiffon..

Pour enlever les taches sur le bois peint, il faut commencer par laver celui-ci avec de l'eau de savon non additionnée de carbonate.

Conservation des meubles

Souvent les bois secs employés dans l'ébénisterie et la menuiserie sont troués sur un grand nombre de points par des larves qui rejettent au dehors leurs déjections et les débris de bois réduits en poudre.

Une seule application à parties égales d'acide

phénique et d'alcool arrête tout travail et préserve le meuble d'une plus grande détérioration.

Le même effet peut s'obtenir, comme nous l'avons vu, en saupoudrant la partie de bois atteinte, de borax.

Encaustique à froid pour meubles et parquets

Cette encaustique est assurément l'une des plus simples dont il puisse être fait usage et sa préparation est exempte de tout danger, même pour les personnes très inexpérimentées et imprudentes.

Coupez en petits morceaux 500 grammes de cire jaune que vous placez dans un vase. Versez dessus à peu près le double en poids d'essence minérale.

Pendant le temps de la macération, il faut avoir soin d'agiter par intervalles et de tenir le vase hermétiquement clos. Quand la dissolution est à point, on la passe sur le meuble et l'on ne frotte qu'une fois l'encaustique sèche.

Encaustique pour parquets

Il existe pour les parquets une autre préparation d'encaustique qui leur donne un joli brillant.

Mélangez 500 grammes de cire jaune coupée en morceaux avec 125 grammes de savon blanc. Faites fondre le tout dans 5 litres d'eau, en remuant constamment ; puis ajoutez-y 60 grammes de potasse blanche et ne laissez pas bouillir. Il faut remuer de temps en temps pour que la fusion du mélange s'opère bien.

La quantité indiquée est suffisante pour une superficie de parquets de 50 mètres carrés.

Vernis pour coaltar

On peut fabriquer soi-même et presque pour rien, le vernis au coaltar dit vernis anglais.

Il suffit de mélanger ensemble :

Goudron de gaz..............	100 parties
Huile de pétrole..............	10 »
Essence minérale..............	3 »

Si l'on porte à 5 0/0 la proportion d'essence minérale, on communique au vernis une grande propriété siccative.

Vernis au caoutchouc

Avec des débris de caoutchouc mélangés en proportion à deux parties d'eau et à deux de plâtre en poudre, on peut faire un excellent vernis très adhérent, séchant très vite de couleur variée, allant du jaune clair au brun foncé.

On fait cuire ces déchets dans un pot hermétiquement fermé pour éviter que les vapeurs ne s'enflamment. Lorsque le caoutchouc est bien fondu, on le verse dans une assiette graissée au préalable. Après refroidissement, on divise la composition en morceaux que l'on met dans une bouteille contenant un volume égal d'essence de térébenthine rectifiée et de benzine. Après repos, on décante ce liquide qui constitue un vernis brillant et d'une grande limpidité.

Nettoyage des carafes et bouteilles

Pour enlever des carafes et des bouteilles le dépôt calcaire formé et qui résiste le plus souvent aux rinçages par le sable et même par la limaille de fer, il suffit de verser dedans quelques gouttes d'acide chlorhydrique qui opéreront la dissolution du calcaire. Un rinçage ensuite à l'eau claire terminera l'opération.

Deuxième moyen

On peut opérer encore plus simplement en partant toujours du même principe. Le papier d'imprimerie, en brûlant, dégage de l'acide chlorhydrique ; il suffit donc d'en mettre quelques morceaux dans la carafe ou la bouteille et de les enflammer. Après un rinçage à l'eau claire le verre est rendu à sa limpidité première.

D'aucuns se servent encore, pour nettoyer les bouteilles, de petits morceaux de pommes de terre qu'ils mettent dedans et agitent après d'un mouvement rapide.

Nous ne saurions porter un jugement quelconque sur cette manière d'opérer, car nous ne l'avons pas expérimentée.

S'il s'agit de bouteilles grasses

Les bouteilles qui ont contenu des huiles grasses se nettoient avec de la benzine ou mieux encore avec une solution de permanganate de potasse additionnée d'un peu d'acide chlorhydrique.

Débouchage des flacons et des carafes

Avec une plume, mettez une ou deux gouttes d'huile autour du bouchon de verre, tout contre l'ouverture de la carafe que vous placez ensuite devant le feu à une distance d'un demi-mètre environ. La chaleur permettra à l'huile de s'insinuer d'elle-même entre le bouchon et le col de la carafe et le reste ne sera plus qu'un jeu d'enfant.

CHAPITRE III

Contre le froid. — Entretien du cuir. Pétrole.

Contre le froid. — Pour s'éviter le froid des pieds. — Imperméabilisation du cuir. — Conservation et assouplissement du cuir. — Pour faire briller les chaussures. — Pour teindre en noir le cuir jaune. — Pour enlever l'odeur du pétrole. — Désodorisation du pétrole. — Moyen d'augmenter le pouvoir éclairant du pétrole. — Moyen d'empêcher les lampes de fumer. — Pour empêcher les verres de lampe de se casser au feu.

Contre le froid

Le papier est mauvais conducteur de la chaleur, il ne la laisse s'insinuer que difficilement à travers sa masse ; aussi faut-il savoir en la circonstance, mettre à profit cette propriété. Le papier a été appelé « la fourrure du pauvre » et il justifie largement de ce nom.

Dans le nord de la Russie et en Suède, les vêtements d'hiver sont munis de papier entre les doublures.

A Saint-Pétersbourg, les belles mondaines ne dédaignent pas de prendre leur gazette pour s'en envelopper toute la jambe. Lorsqu'on est, par exemple, en souffrance de couvertures, on supplée à ce besoin en fixant des feuilles de papier à celles que l'on possède.

Lorsqu'on est en sueur et qu'on sent le froid vous envahir, on prend, à défaut de vêtements, son journal que l'on étale en entier directement sur sa poitrine.

Les plantes, les arbustes nouvellement greffés et tous autres objets craignant le froid, sont préservés de la gelée, si on a eu la précaution de les entourer d'un sac de papier.

Pour s'éviter le froid des pieds

Rien n'est meilleur pour se garantir les pieds du froid, que de mettre au fond de ses chaussettes quelques pincées de poudre de moutarde.

Imperméabilisation du cuir

On peut imperméabiliser parfaitement bien le cuir de ses chaussures au moyen de la composition suivante :

On fond ensemble 100 grammes de cire jaune, 50 grammes de saindoux et autant de miel. On y ajoute un peu d'essence de térébenthine et l'on remue constamment de manière à former une pâte onctueuse que l'on applique sur le cuir légèrement chauffé.

Conservation et assouplissement du cuir

Vous payez fort cher de tout petits flacons supérieurement étiquetés, pour entretenir vos chaussures et cuirs vernis. Voici décrite la composition du produit afin que vous puissiez le fabriquer vous-même :

Toutes ces compositions ne sont autre chose que de la glycérine mélangée à un peu de dextrine diluée dans deux ou trois cuillerées de blanc d'œuf.

Ce produit, à base de glycérine, forme une graisse excellente qui rend le cuir souple pour longtemps et qui, de plus, a l'avantage de ne pas salir les mains.

Pour faire briller les chaussures

Pour cirer vite et faire briller les chaussures sans nuire au cuir, ayez soin d'humecter la brosse qui vous sert pour étendre le cirage, non avec de la salive ou de l'eau, mais avec du vinaigre.

On obtient aussi un superbe brillant en humectant la brosse avec du pétrole; ajoutons que le cuir devient exactement souple. Toutefois, il ne faut employer ce moyen que rarement, car, il a l'inconvénient de nuire à la solidité du cuir.

Pour teindre en noir le cuir jaune

Appliquez sur la chaussure et très rapidement une solution d'ammoniaque dans laquelle vous aurez mêlé une petite quantité de soude.

Quand la chaussure est encore humide, passez dessus, avec une brosse, une couche de noir. Aussitôt que la bottine est sèche, on la frotte avec un morceau de flanelle, pour y étendre, en dernier lieu, un peu de vernis ordinaire.

Pour enlever l'odeur du pétrole

On verse dans le récipient qui a contenu de ce liquide, une certaine quantité d'eau de chaux.

puis on y ajoute pour deux sous de chlorure de chaux. Au bout d'une demi-heure, on rince la contenance à l'eau froide et toute trace d'odeur a disparu.

Désodorisation du pétrole

D'après le *Moniteur des Pétroles*, il existe un moyen très facile d'enlever au pétrole son odeur désagréable, en lui donnant un pouvoir plus incandescent : il suffit de mélanger 100 grammes de chlorure de chaux (chlore des blanchisseuses) à 4 litres 1/2 de pétrole. On agite fortement le mélange que l'on verse ensuite dans un récipient contenant de la chaux. Celle-ci absorbe le chlore qui, lui-même a absorbé toute mauvaise odeur. Après une heure de repos, on décante le liquide.

Moyen d'augmenter le pouvoir éclairant du pétrole

On intensifie le pouvoir éclairant du pétrole en y ajoutant un peu de naphtaline ou un peu de camphre. On peut encore faire un mélange de nitre et d'indigo à parties égales et en jeter une petite pincée dans le pétrole de la lampe; mais parmi tous les adjuvants de la lumière, aucun n'est comparable à l'acétate d'amyle qui a, de plus, l'avantage de communiquer au pétrole une odeur agréable.

Ce produit est mélangé au pétrole dans les proportions de 1/5.

Moyen d'empêcher les lampes de fumer

Trempez les mèches dans du fort vinaigre et faites-les sécher avant de vous en servir. Vous aurez ainsi une flamme claire et brillante.

Pour empêcher les verres de lampe de se casser au feu

Le moyen n'est pas difficile. Priez un vitrier ou votre marchand, de couper avec son diamant le bas de vos verres de lampe sur leur longueur de seize à vingt millimètres. Cette fente les rendra réfractaires à l'action de la chaleur.

CHAPITRE IV

Alimentation

Suppression du mauvais goût de l'huile de foie de morue. — Suppression de l'odeur rance des huiles et des graisses. — Épurage de l'huile. — Pour empêcher les huiles de rancir. — Moyen de faire prendre l'huile de ricin sans en sentir le goût. — Pour reconnaître la pureté de l'eau. — Désinfection de l'eau. — Filtre économique. — Fabriquez vous-même votre glace. — Mélanges réfrigérants. — Conservation de la glace. — Savez-vous rompre la glace ? — Pour empêcher l'eau de se congeler. — Moyen de fortifier le vin blanc. — Vin falsifié. — Cidre filant. — Vinaigre de cidre. — Décoloration du vinaigre. — Moyen de vieillir les jeunes liqueurs. — Manière de dérougir les barriques. — Futailles qui coulent. — Falsification du café. — La soif

Suppression du mauvais goût de l'huile de foie de morue

Tout le monde sait que l'huile de foie de morue est un reconstituant par excellence, mais beaucoup de ceux qui devraient en boire sont rebutés par son mauvais goût et préfèrent des remèdes bien moins efficaces et beaucoup plus chers. Voici que, dorénavant, grâce à la découverte du docteur Pontevès, tout le monde usera de l'huile de foie de morue par simple gourmandise.

Il suffit donc, selon la formule du docteur, de mêler à un litre de cette huile, un jaune d'œuf, dix gouttes d'alcoolat de menthe et un demi-verre d'eau sucrée. De la sorte, un goût agréable aura fait place à l'odeur de l'huile de foie de morue qui étant rendue miscible avec l'eau et véritablement émulsionnée, n'en sera que plus absorbable.

Suppression de l'odeur rance des huiles et des graisses

Pour faire disparaître des huiles et des graisses certaines odeurs désagréables, il faut les émulsionner avec une solution d'alun concentré et les soumettre ensuite pendant quelques moments à l'action de la vapeur d'eau.

Epurage de l'huile

M. de la Roche a découvert un procédé d'épuration pour les huiles qu'il a même fait breveter. Il consiste à mélanger à l'huile 10 0/0 de carbure de calcium pulvérisé. L'eau contenue dans l'huile est absorbée et fait dégager l'acétylène. Il reste de la chaux qui neutralise les acides gras.

Pour empêcher les huiles de rancir

Vos huiles ne ranciront pas si vous finissez de remplir les terrines où elles sont contenues, avec de l'eau-de-vie, de façon à former une couche protectrice de deux ou trois centimètres d'épaisseur.

Moyen de faire prendre l'huile de ricin sans en sentir le goût

Voici le moyen que vous recommande le *Cosmos*. On presse la moitié d'une orange dans un verre, on verse l'huile et par dessus l'on presse encore l'autre moitié. On se gargarise la bouche avec un peu de cognac que l'on rejette. De la sorte, on avale l'huile sans répugnance, l'alcool l'empêchant d'adhérer au palais, et l'orange en ayant masqué le goût.

Pour reconnaître la pureté de l'eau

Dans un litre d'eau, mettez trois cuillerées de sucre fort propre. Bouchez la bouteille et déposez-la dans un endroit chaud. Si, au bout de quarante-huit heures, l'eau est transparente, buvez-la sans crainte. Si, au contraire, elle est laiteuse soyez certain de son impureté.

Désinfection de l'eau

C'est par les eaux impures que se propagent quantités de maladies microbiennes. Il est donc imprudent de boire de l'eau tant soit peu suspecte sans l'avoir auparavant filtrée ou désinfectée.

D'après une communication de M. Balmorel à l'Académie des Sciences, la formule suivante serait un désinfectant par excellence :

    Bromure de potassium........ 20 parties
    Brome......................... 20   —
    Eau.......................... 100   —

Deux ou trois centimètres cubes de ce mélange suffisent pour désinfecter un litre d'eau.

On neutralise le brome en ajoutant la même quantité d'ammoniaque liquide par litre.

Filtre économique

Munissez-vous d'un pot de grès ou d'un pot à fleurs percé à sa partie inférieure. Fixez forte-

ment dans cette ouverture un morceau d'éponge
neuve que vous laisserez déborder au dedans et
au dehors ; puis, recouvrez le fond du vase d'une
couche de sable fin ou de charbon de bois en
poudre. Cette couche doit avoir au moins un
centimètre de hauteur.

Fabriquez vous-même votre glace

La chimie, aujourd'hui, nous apprend à fabriquer de la glace avec une facilité insoupçonnée.

Prenez un vieux seau, un récipient quelconque,
dans lequel vous barbotterez avec une spatule,
un mélange de quatre parties d'esprit de sel
(acide chlorhydrique) et une de sulfate de soude.
Ces produits ne coûtent presque rien si on les
achète en quantité suffisante.

Désire-t-on simplement boire frais ? L'on
trempera pendant quelques minutes les bouteilles
dans le mélange réfrigérant. Si l'on veut obtenir
des cylindres de glace, on y laissera les bocaux
un peu plus longtemps.

Ces bocaux ne devront pas avoir de col à cause
de l'expansion de la glace qui occasionnerait la
rupture.

Autres mélanges réfrigérants

Nous empruntons au *Formulaire physico-
chimique* de M. Tommassi, un tableau des prin-

cipaux réfrigérants connus, en indiquant la basse
température produite :

		Froid produit
Phosphate de sodium......	9 parties	29°
Acide azotique............	4 —	
Sulfate de sodium........	6 —	26°
Azotate d'ammonium......	4 —	
Acide azotique...........	4 —	
Sulfate de sodium........	6 —	23°
Chlorure d'ammonium.....	4 —	
Azotate de potassium......	2 —	
Acide azotique...........	4 —	
Sulfate de sodium.........	3 —	19°
Acide azotique...........	2 —	
Eau......................	1 —	16°
Azotate d'ammoniaque en poudre..................	1 —	
Eau......................	16 —	12°
Azotate de potassium......	5 —	
Chlorure d'ammonium....	5 —	
Sulfate de sodium........	20 —	8°15
Acide sulfurique à 36°.....	16 —	
Sulfate de sodium.........	8 —	7°
Acide chlorhydrique......	5 —	

Conservation de la glace

Dans les ménages, on peut se fabriquer une
glacière des plus économiques et qui répond entièrement à son but, en opérant de la façon suivante : Procurez-vous deux tonneaux dont l'un

soit plus profond et d'un plus grand diamètre que l'autre. Défoncez ces deux tonneaux d'un seul côté. Au fond du plus grand, placez une couche de poussière de charbon ou de sciure de bois et ensuite passez dessus le second tonneau qui doit contenir la glace à conserver. L'espace resté libre entre les deux contenances doit être rempli également avec du charbon ou de la sciure. Le couvercle sera formé d'une planche ou d'une toile que l'on recouvrira de charbon. Le tout se place sur un support un peu élevé. Chaque tonneau doit être percé d'un trou à sa base afin que l'eau provenant de la glace fondue, puisse s'écouler librement.

Savez-vous comment on rompt la glace ?

Si l'on se sert d'un instrument tranchant pour rompre la glace on aura d'abord beaucoup de mal et l'on ne réussira qu'à détacher des morceaux sans symétrie. Le moyen réellement le plus pratique, consiste à se servir d'un aiguille. On applique la pointe sur la partie à séparer, et avec un marteau on frappe légèrement. La glace se détache proprement et sans difficulté.

Des inventeurs ont fait breveter des brise-glace qui sont absolument l'application de ce système.

Pour empêcher l'eau de se congeler

On retarde indéfiniment jusqu'aux plus basses températures la congélation d'un liquide, en l'additionnant d'un peu de glycérine ou de chlorure de calcium.

Moyen de fortifier le vin blanc

Pour donner au vin blanc un fort goût de muscat et le rendre enivrant, il suffit d'y mélanger une infusion de *sauge officinale* ou de sauge des prés.

Faisons remarquer en passant que les Chinois et les Japonais préfèrent la sauge comme boisson stimulante à leur thé.

Vin falsifié

Si ingénue que soit la ruse du falsificateur, elle ne peut manquer d'être découverte en soumettant le vin à l'une des épreuves suivantes :

Premier moyen

Remplissez entièrement un verre du vin à analyser, ajoutez-y un blanc d'œuf, puis coiffez hermétiquement le verre avec du papier et un linge par dessus, ensuite ficelez bien.

Lorsque ce vin aura reposé 24 heures, regardez

les transformations opérées ; les drogues et toutes
les saletés ont été entraînées au fond du verre et
forment une vase diversement colorée. Ces matières se sont superposées par ordre de densité.
Au dessus de la vase se trouve un liquide de couleur terreuse et sombre. C'est tout simplement la
quantité d'eau qui rentrait dans la composition.
Enfin la nappe supérieure est constituée par le
véritable vin.

Deuxième moyen

Mettez le vin à analyser dans un verre et faites-y
dissoudre un peu d'alun. Si le vin est naturel, il
se formera au fond du verre un précipité brun
vert ; si on n'aperçoit pas ce dépôt, on peut être
assuré que la couleur est artificielle et que par
conséquent le vin est frelaté.

Troisième moyen

On peut donner à l'eau claire la couleur naturelle du vin rouge et même un certain goût picot-
tant en se se servant d'une substance appelée
fuchsine. Il n'est pas sans intérêt de savoir la reconnaître et de pouvoir signaler le peu scrupu-
leux débitant. A cet effet, M. Avël nous donné dans
le *Journal agricole*, un moyen des plus simples
qu'il a découvert lui-même ;

On verse dans une assiette un peu de vin de

façon à mouiller seulement le fond. Puis l'on passe à plusieurs reprises un morceau de carbonate sur la partie mouillée. Si à ce contact le liquide prend une coloration verte, le liquide est du vin naturel ; si au contraire la couleur rouge persiste, on peut être assuré que le vin est fuchsiné.

Cidre filant

Lorsque le cidre est fabriqué avec des fruits trop murs ou pourris, il est privé des principes astringeants et acerbes indispensables à sa conservation, et alors une fermentation visqueuse se développe et le cidre devient filant, comme de l'huile. Pour le guérir, faites dissoudre dans un demi-litre d'eau tiède, six à sept grammes de tanin en poudre ; jetez le tout refroidi dans le cidre malade en agitant. Il est rare qu'ainsi traité, le cidre ne reprenne ses qualités premières.

Pour guérir le vin blanc de la même maladie, on emploie aussi le tanin mais à une dose un peu plus forte (36 grammes environ par hectolitre), et on le fait dissoudre non dans l'eau mais dans l'alcool.

Vinaigre de cidre

Pour une contenance de 100 litres de cidre, prenez 500 grammes de levure aigre faite avec du

levain et de la farine de seigle. Délayez cette levure dans de l'eau chaude et versez-la par la
bonde; puis agitez avec un bâton afin que le mélange s'opère bien. Lorsque le liquide aura fermenté pendant 8 jours, il se sera converti en un
vinaigre assez fort que l'on pourra soutirer pour
le mettre en bouteilles.

Décoloration du vinaigre

Pour décolorer le vinaigre rouge, il suffit de
jeter dans le récipient qui le contient, de la poudre de charbon de bois, ou du noir animal, dans
les proportions de 30 grammes par litre.

Pour vieillir les jeunes liqueurs

Mettez les bouteilles remplies de liqueur et bien
bouchées, au bain-marie pendant 12 heures.

Chauffez simplement à une température de 60
à 70°, puis retirez vos litres et laissez-les dans un
complet repos durant 15 jours.

Au bout de ce temps, vos liqueurs auront pris
un goût de vieux et posséderont un bouquet qui
dépistera les plus fins connaisseurs.

Mettez les bouteilles au bain-marie froid
d'abord, afin que le verre s'échauffe graduellement.

Manière simple de dérougir les barriques

Après avoir rincé les barriques à l'eau chaude, on y introduit 1 kilo de chaux vive en petits morceaux et on le roule après avoir mis la bonde. On remet un peu d'eau et on recommence à rouler. Au bout d'une heure, on rince plusieurs fois le tonneau à l'eau ordinaire.

Pour empêcher les futailles de couler

Une vigoureuse friction avec une poignée d'orties sur les parties qui laissent échapper le liquide, fait cesser aussitôt l'écoulement.

Falsification du café

La chicorée dans le café est la hantise des vrais amateurs et dégusteurs de café ; aussi seront-ils heureux de pouvoir la reconnaître par l'un des moyens suivants :

Premier moyen

Prenez un verre rempli d'eau et répandez-y de la poudre de café. Cette poudre surnagera si elle n'est réellement composée que de grains de café et de plus elle absorbera l'eau fort lentement. Si au contraire elle est mêlée de chicorée, elle sera immédiatement absorbée par l'eau et tombera au fond du verre en donnant au liquide une couleur jaune brunâtre.

Deuxième moyen

Ce procédé est dû à M. Mathieu, préparateur de chimie au lycée de Cherbourg. On prend une plaque de verre, on étale dessus une feuille de papier à filtre qu'il est facile de se procurer. On humecte très légèrement cette feuille d'eau et puis on la saupoudre avec le café soupçonné. Au bout de deux minutes, chaque fragment de chicorée, s'il s'en trouve, aura coloré l'eau en jaune brun et se sera entouré d'une auréole révélatrice.

La soif éteinte

Jusqu'à présent on n'avait pu donner au sujet de la soif que des théories incertaines.

Voici qu'un savant, M. Heikéler, en a vraisemblablement trouvé la véritable explication. La soif aurait son siège, non dans le gosier, comme on le pense généralement, mais sur la langue. Les papilles, sous de multiples influences, se dilatent, s'échauffent et produisent la sensation que vous savez. Pour les remettre dans leur état normal et par conséquent éteindre la soif, il suffit de badigeonner légèrement la langue de vaseline.

Cette découverte a été préconisée avec succès dans l'armée du Transvaal qui n'a pas toujours trouvé, comme on peut se le figurer, l'eau à sa disposition.

Conservation du bouillon gras

Pour conserver le bouillon gras au moins une semaine, il faut le faire bouillir chaque jour et le verser dans un vase autre que celui où il était.

Conservation du lait

Le lait peut se conserver intact et indéfiniment, par le système de la congélation. Sitôt qu'il est tiré, on le met dans un réfrigérant. Il n'est pas nécessaire que toute la masse se congèle.

Il suffit simplement que quelques cristaux se forment à la surface. Ils empêcheront la crème de se former et aucune réaction ne pourra se produire.

Comment doit-on boire le lait

Bien des gens disent qu'ils ne digèrent pas le lait ; en réalité, c'est parce qu'ils le boivent mal.

Le lait est toujours alcalin et contient non seulement du sucre, du beurre, de l'albumine, mais encore une matière albuminoïde spéciale que l'on appelle la caséine, et qui se coagule lorsqu'on acidifie le lait, ou lorsqu'elle se trouve en présence de certains ferments spéciaux comme la présure, les sucs pancréatique et gastrique. C'est, est-il besoin de le dire, la coagulation de la caséine qui détermine la caille du lait. Cette coagulation se produit dans l'estomac, où tous les ferments nécessaires s'y trouvent. On comprend dès lors que si le lait est bu par larges rasades, il se forme immédiatement un gros caillot qui deviendra long à digérer et occasionnera des pesanteurs. Il faut donc boire le lait par petites gorgées, de façon à déterminer la formation d'une série de petits caillots qui se digèreront plus facilement.

Moyen de reconnaître la pureté du lait

Le moyen le plus simple, mais non le plus infaillible, pour vérifier la pureté du lait, est celui-ci : On prend une aiguille d'acier que l'on essuie bien de façon à n'y laisser aucune adhérance. Ensuite on la plonge dans le lait et on la relève verticalement. Si le lait est pur, il en restera une goutte à la pointe ; s'il est baptisé d'eau, il n'en restera pas du tout.

Conservation du beurre

Mettez votre beurre dans des pots en grès et n'y laissez aucun vide. Placez ces pots dans une chaudière remplie d'eau jusqu'à submersion des pots ; faites chauffer le tout jusqu'à ébullition,

Quand l'eau sera refroidie, retirez vos pots. Le beurre ainsi traité sera aussi frais au bout de trois mois que le premier jour.

Autre moyen

Pour garder le beurre longtemps frais, enveloppez-le dans un linge propre imbibé de bon vinaigre et aspergez-le tous les 8 jours de quelques gouttes de ce vinaigre. Vous le conserverez indéfiniment, surtout si vous le tenez dans un endroit sec, frais et bien aéré.

Analysez votre beurre

Voulez-vous savoir si votre beurre contient de la margarine ou d'autres substances étrangères ? Eh bien, faites-en fondre un morceau dans la poêle. Une fois bien liquide, versez-le dans une casserole remplie d'eau froide. S'il y a de la margarine, qui est un extrait du suif de mouton, elle se précipitera au fond de l'eau et le beurre restera à la surface.

Moyen de faire revenir le beurre rance

On enlève tout mauvais goût au beurre qui a fermenté, c'est-à-dire qui est devenu rance, en le pétrissant dans de l'eau contenant 20 à 30 gouttes de chlorure de chaux par kilogramme de beurre. Une fois pétri, on le laisse reposer 12 heures. Au bout de ce temps, il aura repris ses qualités primitives.

Autre moyen

On peut aussi pétrir le beurre dans de l'eau contenant une faible quantité de carbonate de soude. Dès que la saveur rance a disparu, on le pétrit à grande eau, on le lave bien, et le voilà désormais régénéré.

Utilisation des croûtes de pain

Il ne faut jamais se débarrasser des croûtes de pain ; c'est elles qui contiennent la plus grande quantité de matières nutritives contenues dans le pain. Lorsqu'elles sont trop sèches pour se laisser manger à même, on les réduit en poudre après les avoir faites sécher au four. Une cuillerée à bouche de cette poudre, mise dans le bouillon, constituera un potage fort substantiel. On peut en mettre aussi dans le lait et préparer de la sorte un des meilleurs aliments pour les bébés et les estomacs faibles.

Miel falsifié

Pour reconnaître la falsification du miel, on en mélange une partie avec deux d'esprit de vin d'un degré aussi haut que possible. On remue jusqu'à ce que le mélange soit bien intime, et ensuite on laisse reposer pendant 6 heures. S'il se forme un dépôt, c'est que le miel n'est pas naturel.

Conservation des œufs

Premier moyen

On peut conserver les œufs en se servant de l'eau de chaux. Ce lait se prépare en mettant une poignée de chaux vive dans quelques litres d'eau. On agite un peu pour faciliter la dissolution, après quoi on met les œufs dans le liquide. Au bout de 2 à 3 heures, la chaux s'est déposée sur la coquille en quantité suffisante pour obstruer tous les pores donnant accès à l'air. Ils sont retirés et rangés, toujours la pointe en bas, afin que le mélange du jaune et du blanc, cause première de la putréfaction, ne puisse se produire.

Deuxième moyen

Faites cuire de l'huile de lin et, une fois qu'elle sera refroidie, vous en imbibez les paumes de la main entre lesquelles vous ferez décrire à l'œuf un mouvement de rotation rapide pour induire sa surface et bien boucher toutes les issues accessibles à l'air. Au bout de 2 ou 3 jours, l'huile est complètement séchée et on peut les mettre en caisse.

A quels signes reconnaît-on l'âge des œufs

La coquille d'un œuf ancien est vitreuse, transparente, douce au toucher ; celle d'un œuf frais est comme revêtue de chaux et rugueuse. La pointe d'un œuf qui n'est pas frais paraît chaude et caustique au toucher de la langue ; celle d'un œuf frais, au contraire, donne une impression de froid.

On peut aussi être renseigné avec une très grande certitude en faisant plonger l'œuf dans une solution de 120 grammes de sel pour un litre d'eau. S'il descend au fond du vase, il est du jour même ; s'il se tient au milieu du liquide, il a plus de 2 jours ; s'il nage à la surface, il est vieux de plus de 5 jours.

Pour faire mousser les œufs

Lorsque l'on veut faire des œufs à la neige, il faut y ajouter une pincée de sel qui refroidit la substance, et la mousse se produira plus facilement.

Ponte des poules

On peut, paraît-il, accélérer la ponte des poules et en même temps les préserver du fâcheux choléra qui leur est spécial, en mélangeant à leur nourriture de l'eau tiède additionnée de chaux. On brasse pour imbiber le grain, puis on laisse refroidir et sécher. Lorsque les poules ont recommencé leur ponte régulière et recouvré leur santé, on interrompt ce traitement.

Pour guérir les poules du choléra

Le bouillon de cassis est un remède souverain contre le choléra des poules. On le leur administre directement en nature ou par des moyens détournés, en le mélangeant à leur pâtée ou aux graines.

Pour empêcher les poules de manger leurs œufs

Le moyen consiste à ajouter du calcaire à leurs aliments, car c'est l'insuffisance de chaux qui les pousse à manger leurs œufs. A défaut de sable, on pourra recueillir les coquilles d'œufs, les sécher au four et les mêler une fois brisées à leur nourriture.

Conservation des fruits

Posez votre caisse de fruits dans une armoire, placez-y également un récipient quelconque rempli d'eau et, à côté, une assiette contenant du soufre dans les proportions d'une cuillerée à café pour un litre d'eau contenue dans le récipient. Après avoir allumé ce soufre, vous fermez bien les portes pendant 4 ou 5 heures. Au bout de ce temps, vous placerez les fruits dans l'eau qui a été saturée de gaz sulfureux et à laquelle vous pouvez ajouter le double d'eau ordinaire. Les fruits ne seront retirés de leur bain qu'au fur et à mesure des besoins.

Il est bien entendu que l'on peut opérer aussi bien dans une chambre; le principal est que l'eau et les fruits soient imprégnés de gaz sulfureux.

Autre moyen

On pourrait aussi opérer plus simplement et peut-être avec un aussi bon résultat. Il suffirait de placer les fruits dans un récipient rempli d'eau dans lequel on met une poignée de charbon de bois pour 10 litres de liquide. La poudre de charbon de bois retarde la putréfaction.

Par ce système, on conserve les raisins très frais, même jusqu'au mois d'avril, à condition toutefois qu'ils soient suspendus dans l'eau au moyen de petites baguettes, et qu'on ait eu la précaution de lier la partie de la grappe près de l'endroit sectionné, afin d'empêcher l'évaporation de la sève.

Comment fait-on grossir les fruits

Quand les fruits, n'importe lesquels, ont atteint le tiers de leur croissance, on badigeonne tous les matins ceux que l'on veut forcer avec une éponge imbibée d'une dissolution de sulfate de fer qui favorise l'action chimique et leur donne un développement extraordinaire.

Pour faire mûrir prématurément les fruits ainsi traités, il suffit de les envelopper d'un papier noirci alors qu'ils sont encore sur la branche.

Pour faire mûrir les tomates

Quand l'été est pluvieux, les tomates ne mûrissent pas facilement, beaucoup même se pourrissent.

Voici un moyen bien simple d'obvier à cet inconvénient. Lorsque les pieds sont chargés de fruits et que ceux-ci ont atteint une grosseur normale, on arrache les pieds des tomates, puis le tout est couché sur un lit de paille bien sèche, sous des chassis. De cette façon, les fruits arrivent à complète maturité et acquièrent la finesse de ceux mûris librement au soleil ; et, de plus, ils ne se pourrissent pas, ce qui arrive lorsqu'on emploie d'autres procédés.

Conservation des melons

Les melons se conservent assez longtemps si on les place dans de la sciure de bois mélangée à du charbon en poudre.

Conservation des asperges

Pour conserver les asperges, il faut d'abord les cautériser en appliquant le bout coupé contre une plaque de fer rougie au feu. Ensuite, on coiffe les pointes de petits cornets de papier et on les range dans les boîtes.

Conservation des pommes de terre

Pour conserver les pommes de terre, on a encore recours aux propriétés du charbon. On in-

tercale simultanément des couches de houille
menue ou de charbon de bois avec des pommes
de terre. Ainsi disposés, ces tubercules se conservent au moins une année.

Pour rendre les pommes de terre farineuses

Toutes les pommes de terre, de n'importe quelle
espèce, deviendront farineuses si vous ne les
mettez dans la marmite qu'au moment où l'eau
commence à bouillir. Lorsqu'elles sont mises sur
le plat prêtes à servir, il faut bien se garder de
les couvrir, sans quoi elles réabsorbent la vapeur d'eau et deviennent molles.

Fromage de pommes de terre

Vous doutiez-vous jamais qu'il existât un fromage fait avec des pommes de terre ? Cela est,
et si vous étiez passé en Thuringe vous en auriez
assurément mangé. La fabrication en est des
plus simples : on prend des pommes de terre de
bonne qualité, on les épluche et, après les avoir
faites bouillir, on attend qu'elles soient froides pour
les écraser dans un mortier. On y mélange alors
un kilo de lait aigri pour cinq kilos de pommes
de terre, on pétrit le tout et on laisse reposer

pendant 4 ou 5 jours. On pétrit encore une fois et l'on place les fromages dans de petites corbeilles qui laissent échapper l'humidité superflue. Une fois secs, on les dispose dans des pots. En vieillissant ils se bonifient.

Les orties comestibles

Les orties contiennent en très grandes quantités des matières nutritives ; elles peuvent entrer dans la préparation de bouillons et de soupes ; elles ont un goût des plus agréables apprécié par les palais les plus délicats. Sous forme de ragout, l'ortie ne le cède en rien à la chicorée, l'oseille, l'épinard.

Avant de les mettre à cuire, il faut les laver soigneusement et les laisser tremper quelques heures dans l'eau.

Champignons rendus comestibles

On ne s'empoisonnera plus par les champignons les plus vénéneux, si l'on emploie le procédé suivant préconisé par le docteur Girard. Ce procédé débarrasse les champignons de tous leurs principes mauvais.

On commence par les couper en 4 ou 6 morceaux, selon leur grosseur, puis on les met à tremper dans de l'eau fraîche, laquelle a été additionnée d'un demi-verre de fort vinaigre par litre et une petite poignée de sel. Au bout de deux heures, on les retire pour les laver à grande eau et les mettre ensuite dans l'eau bouillante pendant cinq minutes. Ils sont retirés, pressés un peu et voilà l'opération terminée. Tous les principes vénéneux ont été absorbés par l'eau, le sel et le vinaigre.

En Russie, les paysans ramassent tous les champignons, bons et mauvais ; il les intercalent entre des couches de sel. Au bout de quelque temps, ils les lavent, les passent à l'eau bouillante et les mangent sans danger.

Propriétés nutritives des aliments usuels

Sous le rapport de la nutrition, on divise les aliments en deux catégories : les aliments plastiques et les aliments respiratoires. Au point de vue des phénomènes digestifs, on distingue les aliments féculents, les aliments azotés et les aliments gras. Les aliments féculents et gras sont essentiellement respiratoires ; ils sont riches en carbone, et c'est cet élément qui brûle lentement aux dépens de l'oxygène de l'air amené dans les poumons et qui enrichit le sang artériel.

Les aliments plastiques ou azotés contiennent

de l'azote, élément constitutif de nos organes.
Le pouvoir nutritif d'un aliment est en rapport
avec la quantité d'azote qu'il renferme.

Les aliments empruntés au règne animal sont
tous azotés, à l'exception des graisses. Ils sont
formés d'un certain nombre de principes tels
que l'albumine, la fibrine, la caséine, qui sont
essentiellement réparateurs. La gélatine se digère facilement, mais elle a un faible pouvoir
nutritif.

L'extrait de viande se nomme osmazôme; c'est
elle qui constitue la partie nutritive du bouillon. Les bouillons sont un excellent aliment;
leur pouvoir nutritif et digestif est d'autant plus
puissant qu'ils sont plus concentrés. Le meilleur
bouillon est celui qui est obtenu avec la viande
de bœuf. Celui qui est préparé avec le veau, le
poulet et autres volailles, est peu nourrissant et
ne convient qu'aux estomacs faibles.

Les viandes de veau, de porc et de mouton
sont moins faciles à digérer et moins nutritives
que celle du bœuf. Les agneaux également four-
nissent une viande peu nourrissante. Les viandes
rôties ou grillées se digèrent plus facilement que
celles préparées autrement.

Les viandes de poisson renferment beaucoup
de gélatine et peu d'osmazôme. Certaines, comme
la sole et le merlan sont de faible digestion;

mais la plupart sont difficiles à digérer. Le poisson salé surtout est fort indigeste, de même que tous les crustacés tels que homards, langoustes, écrevisses, crevettes.

Les œufs constituent un aliment sain, agréable et fort nutritif.

Le lait est aussi par lui-même un aliment complet. Le lait d'ânesse et de chèvre est celui qui se rapproche le plus de celui de la femme; le lait de brebis est celui qui s'en éloigne le plus.

Le riz a de bonnes propriétés nutritives; il se digère bien et est légèrement laxatif.

Les châtaignes sont très nourrissantes, saines et de digestion facile.

Les pommes de terre sont riches en fécule, mais pauvres en gluten; il faut en consommer beaucoup pour se nourrir.

Les haricots, pois et lentilles détiennent le record du pouvoir nutritif des légumineuses; elles ne contiennent pas moins de 90 pour 0/0 de matières absorbables.

Les champignons sont très nourrissants, mais de digestion difficile.

La choucroute est un aliment peu nutritif et fort indigeste.

Les choux ne contiennent que 7 pour 0/0 de matières nutritives.

Les carottes sont très peu nourrissantes, mais

elles contiennent beaucoup de principes dépuratifs, notamment des iodures.

Les fruits sont peu nourrissants ; les plus sains et les plus hygiéniques sont les raisins et les cerises. Le melon contient à peine 3 0/0 de matières nutritives et est très indigeste.

Les salades facilitent ordinairement la digestion des viandes. Le cresson contient des iodures et est très dépuratif.

Le sucre agit comme aliment exclusivement respiratoire ; son abus fatigue et irrite l'estomac.

Les huiles contiennent tous les principes actifs et sont, pour ainsi dire, du sang en substance, puisque 95 parties sur 100 sont directement absorbables.

Propriétés médicinales de certains légumes et fruits

Les épinards sont très riches en iodures de fer. Les personnes anémiées et faibles doivent en consommer beaucoup. C'est la façon la plus profitable de s'administrer un ferrugineux qui vaut bien les préparations analeptiques de certains docteurs. Les épinards ont encore une bonne influence sur les reins et sont très dépuratifs.

Les asperges purifient le sang.

Le céleri fortifie le système nerveux, guérit les rhumatismes et les névralgies.

Les tomates sont bonnes pour combattre les maladies du foie.

Les carottes blanches et rouges servent d'apéritif et sont dépuratives.

L'ail est vermifuge et active la circulation du sang.

Les oignons sont un excellent remède dans le cas de désordre des organes de la digestion.

La laitue est un aphrodisiaque, calme les passions et les irritements nerveux.

Les fraises sont sans contredit le meilleur aliment pour les arthritiques, les goutteux et rhumatisants. Elles contiennent à hautes doses de l'acide salicylique. Or, celle-ci est pour les rhumatismes ce qu'est le sulfate de quinine pour les fièvres paludéennes; on peut donc se l'administrer à volonté et cela sans aucun danger pour l'estomac.

Aliments minéraux

L'eau, le chlorure de sodium, le phosphate de chaux, le fer et la silice font partie de nos tissus et sont sans cesse éliminés par les urines. L'alimentation doit remplacer ces substances indispensables à la vie. Un chien privé d'aliments

minéraux ne vit pas au delà de vingt à trente
jours.

L'eau. — Hippocrate avait déjà reconnu que
les eaux ont une grande influence sur la santé.
L'eau fait partie de tous nos organes. Bordeu
disait : « Nous ne sommes qu'un amas d'eau
renfermé dans des vessies. »

Une bonne eau potable doit être limpide, incolore, sans odeur, et le plus possible exempte
de matières organiques. Une eau qui vient d'être
puisée doit être rejetée si, agitée dans un vase,
elle a de l'odeur, car elle renferme des matières
en putréfaction. L'eau doit être fraîche, aérée,
d'une saveur légère et agréable. Au-dessous de
20 degrés, surtout exposée à la lumière, les or-
ganismes que renferme toujours l'eau se déve-
loppent rapidement. L'eau glacée est malsaine :
elle peut provoquer des congestions de l'estomac
et de l'intestin. L'eau fade est pauvre en sels.
L'excès de sulfate de chaux la rend douce.

L'eau mal aérée est lourde et indigeste, comme
celle des sources froides qui jaillissent des montagnes à de grandes hauteurs. Les eaux de source
sont excellentes ou dangereuses, selon les terrains qu'elles traversent; souvent les eaux des
puits artésiens ne sont pas assez aérées. L'eau
des rivières varie de composition chimique;
cependant, elle est généralement bonne, si la

rivière ne traverse pas de villes où elle reçoit tous les détritus. Il faut éviter l'eau des canaux, le cours n'étant pas assez rapide pour l'empêcher de se croupir. L'eau des torrents et des glaciers est, au sommet des montagnes, très pauvre en sels et peu aérée, et dans le fond des vallées, suivant les terrains qu'elle traverse, trop riche en substances minérales. Les eaux des lacs sans écoulement, situés dans les pays chauds, sont trop alcalines et dangereuses. L'eau de pluie n'est pas pure : elle contient des gaz (acide carbonique et ammoniaque), des matières salines et des substances organiques en grande quantité; elle n'est potable qu'après avoir été modifiée par un séjour dans une citerne. L'eau distillée ne sera employée qu'après avoir été aérée par un battage en plein air.

Les eaux des marais, désagréables à boire, sont souvent dangereuses. L'eau de puits peut être fraîche et saine si elle provient d'infiltrations à travers un terrain calcaire.

Il est toujours préférable de filtrer l'eau avant de la boire.

L'eau joue un si grand rôle dans l'économie, qu'elle influe autant sur la santé que l'air atmosphérique.

Sel marin (chlorure de sodium). — Le sel, employé dans l'alimentation de tous les peuples, est d'autant plus nécessaire que l'alimentation est plus pauvre. Indispensable à l'organisme, il fait accepter sans répugnance des aliments fades et sans goût et développe l'appétit chez les animaux.

La privation du sel produit de l'œdème, un affaiblissement général et l'anémie. La moyenne de la dose de sel consommé par l'homme pendant 24 heures est de 10 grammes.

Le fer se trouve dans toutes les parties du corps, il est indispensable à la constitution des globules du sang ; l'énergie des actions vitales est due à la quantité de globules sanguins ; quand le nombre en diminue, les fonctions digestives languissent et l'individu s'étiole. Dans l'état normal, l'homme trouve assez de fer dans ses aliments, mais, dans la chlorose et l'anémie, cette quantité ne suffit plus, on doit avoir recours aux ferrugineux. Celui dont l'action est la plus efficace est le fer réduit par l'hydrogène. La dose moyenne est de 15 centigrammes par jour.

Les autres sels et matières minérales nécessaires à la vie entrent dans la composition de l'eau et des aliments.

Boissons fermentées

L'alcool en lui-même n'est pas un aliment, c'est maintenant démontré d'une façon certaine. Son action utile sur notre organisme ne saurait être tout au plus que respiratoire, c'est-à-dire comparée, mais dans des proportions moindres, à celle du sucre. Les effets morbides qu'entraîne l'usage de l'alcool sont connus de tout le monde.

Les matières fermentées, et par conséquent alcoolisées, ne sont propres à l'entretien de notre économie qu'autant qu'elles contiennent des principes différents de l'alcool.

Le vin est le produit de la fermentation du raisin ; ses principes les plus importants sont : l'alcool, la glycérine, le tanin, des sels et une matière colorante.

Les vins alcooliques et excitants, comme le madère, le xérès, faciles à digérer, ne doivent être absorbés qu'à faibles doses ; le porto et le malaga sont toniques ; il faut user modérément du roussillon et du frontignan. Quand le vin de Bordeaux n'est pas excitant, il convient aux convalescents. Les vins mousseux sont stimulants et diurétiques. Les vins rouges contiennent du tanin, sont plus fortifiants et se conservent mieux que les vins blancs, qui sont plus stimulants.

Le vin, pris en quantité modérée, excite le tube digestif, les centres nerveux et nourrit par les matières grasses albuminoïdes et salines qu'il contient.

La bière. — Liqueur alcoolique provenant de l'action de la levure de bière sur la décoction de certaines graines, principalement de l'orge germée et aromatisée avec du houblon. Elle contient des sels, du sucre, des acides, de l'albumine végétale et une huile essentielle provenant du houblon. La bière est nourrissante et stimulante, tonique et diurétique ; c'est un liquide alimentaire convenant aux tempéraments bilieux et nerveux ; prise en grande quantité, elle affaiblit l'estomac et engourdit le cerveau. La bière est sujette à des falsifications souvent dangereuses.

Cidre, poiré. — Ces boissons, moins riches en tanin que le vin et plus acides, se conservent difficilement. Très rafraîchissantes, elles peuvent occasionner des coliques chez les personnes qui n'y sont pas habituées.

Manière de ne plus s'empoisonner en mangeant des moules

Les empoisonnements par les moules se font heureusement de plus en plus rares, à mesure que disparaissent ou se transforment les anciens navires blindés de plaques de cuivre. Toutefois, il importe encore de se prémunir contre de si terribles accidents. On n'en avait guère trouvé le moyen jusqu'ici ; mais la science ne désespère de rien et rien ne la rebute.

Un docteur allemand, M. Burdsgestein, après de patientes recherches, a découvert que le poison, la mytilotoxine, élaboré par le foie de certaines moules, devient facilement inoffensif en présence d'un alcali ou d'un acide même très faible.

Il suffit donc d'ajouter à la cuisson des moules quelques pincées de carbonate de soude, ou bien deux à trois cuillerées à café de vinaigre pour deux litres de moules.

CHAPITRE V

Recettes sur des sujets divers

L'alcool solidifié. — Restauration des gravures. — Nettoyage des tableaux à l'huile. — Régénération des dorures. — Nettoyage des vitres. — Pour dépolir les vitrages. — Papier à vitraux. — Pour couper le verre. — Inscriptions sur verre. — Moyen de reconnaître les faux billets de banque. — Extinction des feux de cheminée. — Conservation des fleurs naturelles coupées en bouquet. — Floraison en hiver. — Les parfums pour rien. — Arrosage par gargoulettes. — Pour empêcher le papier gratté de boire. — Imperméabilisation du papier. — Manière de rendre le papier transparent pour la calque des dessins. — Papier humide pour copie de lettres. — Encre communicative copiant sans presse et sans mouiller le papier. — Encre invisible. — Fixatif pour le crayon. — Pou-

L'alcool solidifié

Les visiteurs de la grande exposition dernière ont pu voir exposés dans la section de « l'éclairage » de petits cristaux verdâtres qui servaient à alimenter des réchauds.

— Ce n'était autre chose que de l'alcool solidifié. Nous exposons ici un procédé de solidification qui peut rendre de grands services.

Versez 10 centilitres d'alcool dénaturé à 90° dans un récipient d'une capacité double (un ballon de laboratoire est le plus commode) et faites tiédir l'alcool au bain-marie de façon qu'il entre dans une température voisine, de 60°. Ajoutez-y 28 à 30 grammes de savon blanc de Marseille, râpé et bien sec et 2 grammes de gomme laque. Agitez jusqu'à dissolution, ce qui demandera simplement quelques minutes. Retirez ensuite du bain-marie et versez le contenu dans une série de petites boîtes en fer blanc que vous refermerez aussitôt. Après quelques minutes, la masse est prise et chaque boîte devient ainsi un petit réchaud pouvant se transporter dans le gousset. Il suffit pour s'en servir d'enlever le le couvercle et d'enflammer la masse. Le contenu d'une boîte à cirage, suffit pour faire cuire, café compris, un déjeuner de campagne pour deux personnes.

La gomme laque n'est pas indispensable, elle assure simplement une plus longue conservation du produit en retardant la volatilisation de l'alcool.

Restauration des gravures

Pour nettoyer les gravures et leur enlever la couleur jaunâtre imprimée par le temps et la fumée, il suffit de les tremper pendant quelques secondes seulement, dans une très large solution de chlore.

Elles doivent être plongées verticalement. Ces immersions sont répétées jusqu'à ce que la gravure paraisse aussi claire que son tirage. Il ne faut pas risquer l'opération dans de l'eau trop fortement chlorurée, on s'exposerait à brûler le papier.

Nettoyage des tableaux à l'huile

Voici comment on peut réparer les tableaux à l'huile qui sont bons, mais enfumés ou gâtés par les mauvais vernis. Après avoir lavé le tableau à l'éponge, on le laisse sécher au soleil ou au grand air, puis on frotte avec le bout du doigt en tournant. Le plus souvent le vernis se détache.

Quand cela ne suffit pas, on prend de l'esprit-de-vin et avec une vieille serviette, on lave fermement à plusieurs reprises ; au bout d'un moment, le tableau devient frais, propre et les couleurs reviennent.

Pour le revernir ensuite, on fait fondre au

bain-marié, 30 grammes de mastic en larmes dans 120 grammes d'essence de térébenthine.

Ce vernis s'applique à froid lorsqu'il a reposé deux ou trois jours.

Régénération des dorures

On bat ensemble quelques blancs d'œufs avec 1/3 d'eau de javel et on nettoie l'objet doré avec une brosse douce trempée dans le mélange : puis on applique dessus une couche du vernis dont se servent les doreurs sur bois. La dorure reprend immédiatement sa vivacité.

Nettoyage des vitres

Les vitres sales, éclaboussées de taches, redeviennent claires et propres, si on les frotte avec un oignon coupé en deux.

Pour dépolir les vitrages

On fait dissoudre une partie de cire jaune dans dix parties d'essence de térébenthine ; on ajoute une partie de vernis et une d'huile siccative ; puis on étend ce mélange sur la vitre et, avant que la couche soit sèche, on l'égalise avec un tampon de ouate. On peut pour modifier la couleur, incorporer dans le mélange un peu de bleu d'outremer ou d'indigo.

Papier à vitraux

On n'a qu'à imprégner du papier blanc un peu fort, d'un mélange de 4 parties d'alcool et une de camphre pour lui communiquer la dureté et la consistance du parchemin.

Libre dès lors à tout amateur d'y peindre avec des couleurs à base d'aniline. On obtient des panneaux fort jolis rehaussés d'un goût artistique par la translucidité du papier.

Pour couper le verre

Voulez-vous couper un goulot de bouteille, un gros tube ou un bocal ? une cordelette, un morceau de papier et un peu d'eau froide suffiront pour opérer avec autant de précision qu'avec un diamant.

Vous prenez du papier que vous repliez en ruban et dont vous entourez le goulot ou le tube, à l'endroit où doit avoir lieu la coupure. Vous enroulez ensuite un cordon tout contre le papier ; deux personnes le saisissent à chacune de ses extrémités et lui impriment un mouvement de va-et-vient fort rapide. La bouteille aura due être solidement fixée à une table ou contre le mur.

Au bout de quelques secondes, le dégagement de chaleur est tel que la corde laisse échapper un peu de fumée. A ce moment une goutte d'eau froide jetée sur le circuit échauffé par la corde, produira sur le verre une coupure très nette. Ce moyen est le plus fréquemment employé dans les laboratoires.

Autre moyen

On forme une amorce en attaquant le verre avec la lime sur toute la ligne à sectionner. Ensuite on présente un charbon ardent à quelques millimètres seulement de la raynure faite par la lime. On voit alors la fente s'allonger à mesure que l'on avance le charbon dans le sens convenable.

Ce système a sur le premier, l'avantage de permettre toutes sortes de découpures sur les surfaces les plus irrégulières.

Pour opérer prestement, on peut se servir de charbons « Berzélius » qui se vendent chez tous les fabricants de produits chimiques.

Inscription sur verre

Jusqu'ici on ne pouvait attaquer le verre, guère autrement qu'à l'aide de forts acides tels que l'acide muriatique. M. Margot a de beaucoup simplifié la difficulté, en constatant au cours de ses expériences, et non sans étonnement, que certains métaux tels que le zinc, le magnésium mais surtout l'aluminium appuyés sur le verre y traçaient une empreinte inneffaçable.

C'est avec ce dernier, l'aluminium, qu'il convient d'opérer. On humecte d'abord le verre en y déposant un peu de buée; ensuite on se sert du métal comme on ferait d'un crayon. Les caractères tracés ne sont pas attaqués par les acides. Si on les veut graver très profonds, on passera au préalable sur la partie intéressée une solution sirupeuse de silicate de potasse.

Moyen de reconnaître les faux billets de Banque

Voici un moyen peu connu de s'assurer si un billet de banque est vrai ou faux. Il nous est fourni « par l'organe des bijoutiers ». Promenez en appuyant légèrement une pièce d'argent quelconque sur le verso du billet dans la partie blanche. Si le billet est bon, le trait fait par la pièce deviendra instantanément noir comme si on y avait tracé dessus un coup de crayon; surtout si on mouille tant soit peu. Si le billet est faux, la marque ne sera tout au plus que luizante, en admettant que l'on ait frotté.

Extinction des feux de cheminée

L'acide sulfureux qui n'est autre chose que la fumée du soufre, possède entr'autres propriétés, celle d'éteindre les corps en combustion. Il suffit donc, en cas où la suie prendrait feu dans la cheminée, de jeter une poignée desoufre dans l'âtre et de faire en sorte que tout le gaz monte bien par la cheminée. Si l'on peut sans danger monter sur le toit, il faudra non pas jeter de l'eau, mais s'appliquer à boucher l'ouverture avec une toile mouillée.

Conservation des fleurs naturelles coupées en bouquets

On peut conserver pendant un temps relativement long, les bouquets de fleurs, en ajoutant dans l'eau du chlorhydrate d'ammoniaque, dans les proportions de 5 grammes par litre. A défaut, on peut se servir d'ammoniaque qui donne à peu près le même résultat.

Autre Moyen

Mettez les tiges de votre bouquet à tremper dans de l'eau de savon que vous renouvellerez tous les matins.

Si vous faites dissoudre un peu de gomme arabique dans l'eau où trempe le bouquet, elle se déposera à la base des tiges, empêchera la sève de s'évanter et par suite les fleurs dureront bien plus longtemps.

723   4

Floraison en hiver

Voulez-vous faire un bouquet impérissable ? prenez des myosotis, mettez les tiges à tremper dans une assiette pleine d'eau. Remplissez au fur et à mesure que l'eau s'évapore. Après quelques temps, vous apercevrez des racines se former, ténues comme un fil et toutes blanches. Les fleurs resteront tout à fait fraîches et de plus elles continueront leur pleine floraison.

Les parfums pour rien

Qui donc n'adore pas les parfums ? Malheureusement, ils coûtent fort cher et force est de s'en passer. Le mot ne sera plus absolument exact ; chacun s'il lui plaît, pourra avoir presque pour rien et en toute saison, de vrais et subtils parfums à la balsamique odeur : Cueillez des pétales de roses, de violettes ou de tout autre fleur de variété odorante. Placez-les dans un flacon en couches alternées de pétales et de sel. Ajoutez quelque peu d'alcool et bouchez soigneusement.

Chaque fois que vous voudrez embaumer votre appartement, débouchez un instant le flacon.

Ceux à grande ouverture sont tout spécialement désignés pour cela.

Le parfum de roses et de violettes garde sa persistance deux ou trois mois.

Arrosages par gargoulettes

Enterrez au milieu de chaque caisse de fleurs une sorte de carafe en terre poreuse, qu'on appelle gargoulette. Un pot en terre non percé ferait aussi bien. Faites-le dépasser d'un ou de deux centimètres le niveau de la terre et remplissez-le d'eau. La porosité de ces vases donne par transmission à la terre environnante une humidité toujours égale. Il ne faut pas oublier de les remplir matin et soir. Les racines des plantes qui garnissent la caisse, vont d'elles-mêmes, s'enrouler autour de ces gargoulettes et y puiser la fraîcheur nécessaire à leur développement.

Les avantages de ce nouveau genre d'irrigation sont faciles à deviner. Tout d'abord il y a économie de temps, puis des engrais chimiques peuvent être mis en dissolution dans le vase; ensuite les balcons ou les chambres contenant ces caisses, ne seront jamais mouillés pour cause d'arrosage.

Pour empêcher le papier gratté de boire

On empêche le bristol gratté de boire, en frottant quelques secondes l'endroit gratté avec de l'alun. L'opération réussit également avec tout autre papier collé.

Imperméabilisation du papier

Nous croyons être utile à nos lecteurs, en leur indiquant une formule d'imperméabilisation du papier; elle pourra leur rendre de grands services et ils peuvent l'employer sans avoir un seul instant à douter de la réussite.

Passez sur le recto et le verso de la feuille de papier une couche de la solution suivante:

        Gélatine........................ 2 parties
        Glycérine....................... 2   —
        Eau............................. 8   —

Laissez sécher et trempez le papier une fois bien sec dans une solution de formaline ainsi concentrée :

        Formaline....................... 10 parties
        Eau............................. 100   —

L'on arrive de la sorte à obtenir une imperméabilité absolue.

Manière de rendre le papier transparent pour la calque des dessins

Le bureau hydrographique autrichien a découvert un moyen de rendre le papier parfaitement transparent pour le calque des dessins. Voici le procédé dans toute sa simplicité :

On applique la feuille sur le dessin à relever ; puis on frotte légèrement avec du coton imbibé de benzine très pure. Celle-ci est aussitôt absorbée par le papier qui, par suite, est devenu parfaitement transparent ; il peut recevoir le trait au crayon ou bien à la plume et même le lavis, sans que les lignes ou les teintes s'élargissent et sans que la feuille se rétrécisse ou se soulève. Lorsque les dessins sont grands, on peut appliquer la benzine à plusieurs reprises. Le calque achevé, la benzine s'évapore sans laisser de traces et le papier reprend son opacité primitive et ne conserve pas la moindre odeur. La grande pureté de la benzine est de toute nécessité.

Le papier ainsi préparé est de beaucoup supérieur au papier végétal qui ne rend pas assez l'emplacement et la pâleur des ombres, et par suite fait perdre beaucoup plus de temps.

Papier humide pour copie de lettres

Les caissiers, comptables et autres employés, nous béniront de leur fournir une pareille recette.

Chaque fois en effet qu'il leur faut reproduire un exemplaire d'une copie quelconque, il faut qu'ils humectent la feuille avant de la mettre sous la presse à main. Ce travail sera désormais inutile et voici comment : En humectant les feuilles une bonne fois pour toutes, de la composition suivante, elles conserveront tout le temps une moiteur suffisante pour le report.

    Chlorure de magnésium............ 10 parties
    Eau... 90   »

Ou bien encore :

    Chlorure de calcium calciné...... 20 parties
    Eau... 80   »

Encre communicative copiant sans presse et sans mouiller le papier

Cette encre fait l'objet d'un brevet spécial. Elle est composée d'une couleur d'aniline convenable dissoute dans de l'eau mélangée de glycérine et additionnée d'alun.

Formule variable :

    Couleur d'aniline............... 30 grammes
    Eau............................. 2 litres
    Glycérine....................... 1 litre
    Alun............................ 15 grammes

Pour la reproduction, la feuille se met entre les pages d'un livre et l'on attend quelques instants.

Autre formule d'encre communicative

    Encre ordinaire.................. 2 parties
    Glycérine........................ 1 partie
    Alun............................. 1/4 de partie

Vous écrivez avec cette composition des plus simples. Les traits s'ils ne sont pas trop fins, se reproduisent par la simple pression de la main.

Encre invisible

Faites dissoudre une partie de chlorure de cobalt dans vingt-quatre parties d'eau. Vous obtiendrez un liquide rose avec lequel les caractères que vous écrirez seront à peine apparents.

En se séchant, ils deviendront tout à fait invisibles. La personne qui voudra lire n'aura qu'à faire chauffer légèrement la page et l'écriture apparaîtra immédiatement et de façon très lisible, en bleu pâle.

Fixatif pour le crayon

Un moyen simple de fixer le crayon de mine de plomb et même le crayon conté, c'est de tremper le dessin dans du lait cuit, mais froid.

Pour plus de sûreté, quand une première fois le dessin a bien séché, on recommence.

On assure ainsi la conservation de dessins qui sans cela s'estomperaient dans les cartons.

Poudre à effacer l'encre sans laisser de traces sur le papier

Ce n'est pas sans une certaine hésitation que nous nous sommes décidé à insérer ici ce secret scientifique, en raison des mauvaises intentions qu'il pourrait susciter dans l'esprit des âmes mal nées. — Nous aimons à penser qu'il ne sera jamais employé que pour des causes utiles et toujours honnêtes.

Voici la formule :

Poudre d'alun............................. 1 partie
Ambre jaune............................... 1 »
Soufre...................................... 1 »
Salpêtre.................................... 1 »

Mélangez intimement toutes ces matières, puis mettez-les dans un flacon en verre bien bouché. La tache d'encre ou l'écriture fraîche sur laquelle on dépose un peu de cette poudre, disparaissent comme par enchantement.

Dans certains cas où l'écriture est déjà ancienne et l'encre trop corrosive, il est bon de frotter légèrement la poudre sur le papier avec un petit tampon de toile.

Fabrication d'encre rouge

On obtient une bonne fabrication d'encre rouge, en faisant dissoudre 30 centigrammes de carmin dans 30 grammes d'ammoniaque et en ajoutant un peu d'eau.

Colle extra-forte

Pour fabriquer une pareille colle, il faut faire

dissoudre dans de l'eau chaude, du silicate de potasse jusqu'à consistance sirupeuse.

Avec cette colle, vous pouvez ressouder le marbre, la pierre, en un mot les objets les plus durs comme les plus délicats.

Autre préparation de colle liquide

    Gélatine de bonne qualité..... 10 grammes
    Eau........................... 90   »
    Salicylate de soude........... 10   »

La gélatine est d'abord gonflée par macération dans deux fois son poids d'eau ; on fait ensuite chauffer le reste de l'eau et on y ajoute le salicylate. On peut l'aromatiser avec quelques gouttes de n'importe quelle essence.

Cette colle est très solide et se conserve indéfiniment.

Colle forte en poudre soluble à froid

On fait bouillir dans huit parties d'eau jusqu'à dissolution complète, les produits suivants :

    Carbonate de potasse............ 1 partie
    Alun pulvérisé.................. 1 partie 1/2
    Colle forte ordinaire........... 10 parties

On remue de temps en temps pendant la dissolution. Le mélange est ensuite renversé sur une surface plane afin que le séchage s'opère plus vite. Après, on pulvérise. Cette poudre se dissout parfaitement bien dans l'eau froide.

Raccommodage du celluloïd

Pour ressouder le cellulo brisé et effacer toute trace de la cassure, on mouille les bords de chaque partie séparée, avec de l'acide acétique glacial et on presse ensuite les morceaux l'un contre l'autre.

Pour réparer l'ambre

Pour souder l'ambre facilement et d'une manière solide, passez sur les bords de la cassure un peu d'huile de lin; pressez fortement les morceaux l'un contre l'autre et approchez le plus près possible d'un feu ardent. La cassure n'y paraîtra plus.

Mastic à réparer le caoutchouc

Cette formule fera la joie des cyclistes et chauffeurs :

Sulfure de carbone................	26 parties
Gutta-percha....................	2 »
Caoutchouc.....................	4 »
Colle de poissons...............	1 »

Nettoyer soigneusement la fente et la remplir de ce mastic. Maintenir les bords de la déchirure

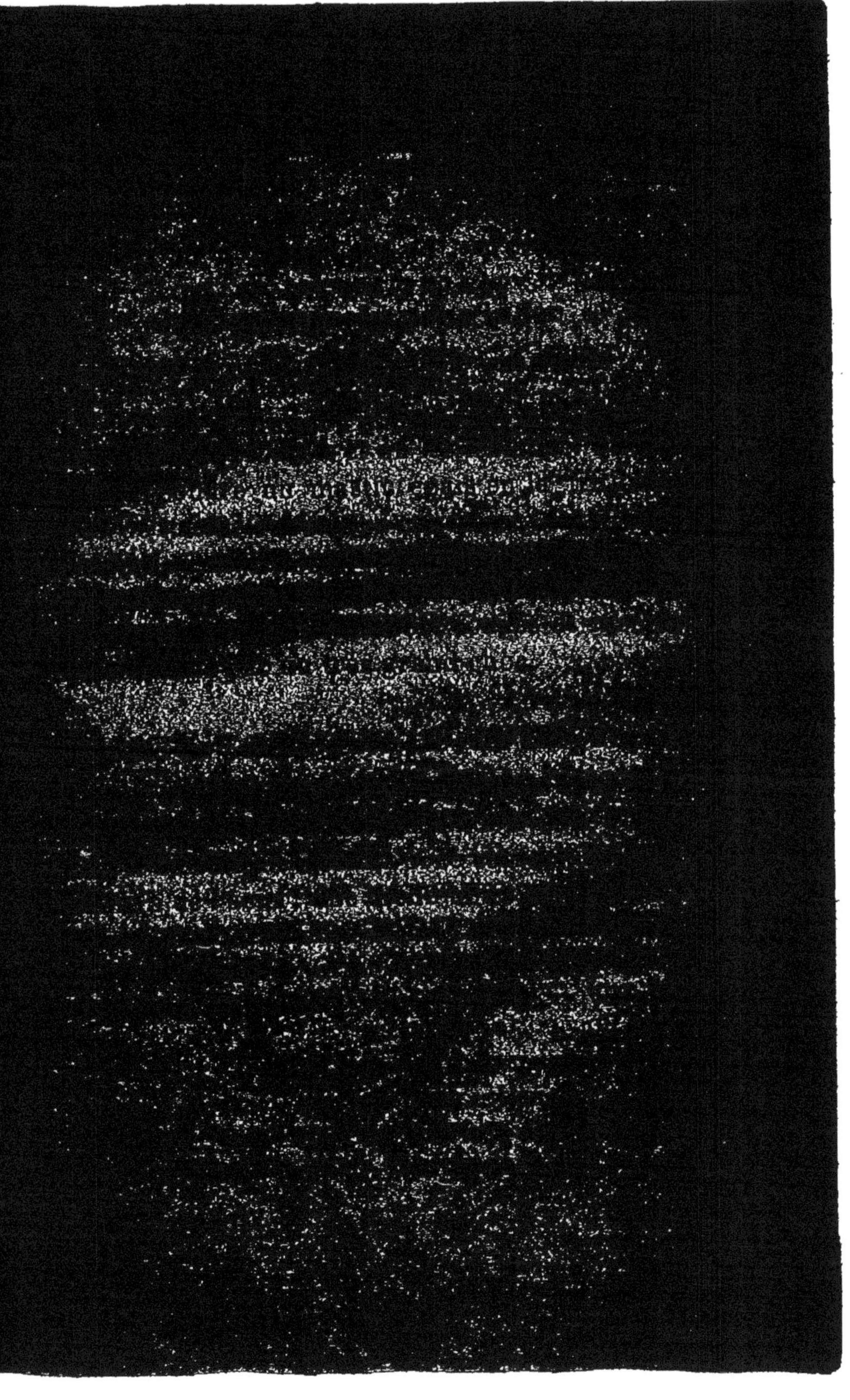

d'acier qui constitue une substance rodante de première valeur. Le tout importe de rendre le métal très cassant et pour ce, on chauffe à blanc une barre d'acier et on y projette dessus un jet d'eau très finement divisée. L'acier devient très friable et se laisse alors, avec toute facilité, réduire en poudre dans un mortier.

Pour bronzer le bois et le plâtre

Pour bronzer le bois et les objets en plâtre ou en stuc, l'on badigeonne ces objets de bisulfure d'étain que les physiciens désignent sous le nom d'or massif.

Moyen de durcir les plâtres

Il suffit de mêler intimement de 2 à 4 parties pour cent, de racines de guimauve en poudre fine, avec le plâtre de Paris, pour en retarder la prise qui ne commence alors qu'au bout d'une heure. Ce plâtre une fois sec, peut être scié, limé ou tourné et peut servir à la fabrication de toutes espèces d'objets ; dés, tabatières, jouets, etc.

Si l'on porte à 8 pour cent la proportion de racines de guimauve, on retarde encore la dessication, mais la dureté de la masse augmente. Nous voyons dès lors que l'on arrive véritablement à pétrifier le plâtre.

Lorsque l'on incorpore au mélange, des couleurs minérales ou autres, et qu'on le pétrit, on obtient de belles imitations de marbre d'un superbe effet.

Manière de reconnaître les appartements sains

Prenez 50 grammes de chaux éteinte à l'air et séchée au four.

Étalez cette chaux sur une assiette exposée durant quatorze heures dans le local soupçonné insalubre. Après, pesez cette chaux ; si le poids en est augmenté de plus d'un gramme, le logement n'est pas habitable.

Pour sécher les murs humides

On remédie dans une très large mesure au défaut d'hygiène des habitations en induisant les murs suintant l'humidité, de la composition suivante :

Chaux éteinte.	1 kilog.
Sel de cuisine.	1 —
Eau.	4 litres.

Il faut faire bouillir le tout, en écumant souvent. Après ébullition prolongée, on y ajoute :

20	grammes	d'alun.
10	—	de sulfate de fer en poudre.
15	—	de potasse.
200	—	de sable fin.

On fait réduire encore cette solution et on
l'applique au pinceau.

Moyen de dégeler les conduites d'eau

Pendant l'hiver, il est parfois assez difficile de
dégeler les conduites d'eau. Il existe pourtant un
moyen simple et pratique : Grattez un peu la
terre sur le passage de la canalisation et étendez-y
une couche de 25 centimètres de chaux vive que
vous éteignez en l'arrosant.

La chaleur progressivement dégagée triomphe
bientôt de la glace qui se trouve dans les tuyaux.

Enlèvement des vis

Lorsqu'une vis ne veut pas sortir du bois, on
applique le principe de la dilation des corps par
la chaleur. On touche pendant quelques instants
la tête de la vis avec un fer chaud ; elle s'échauffe
refoule le bois autour d'elle et une fois refroidie,
se laisse facilement enlever.

Pour empêcher les portes de grincer

Lorsque vous êtes agacé par le grincement
continuel d'une porte et que vous n'avez pas
d'huile sous la main, prenez un crayon et avec

la pointe, frottez-en les gonds tapageurs; ils redeviendront silencieux, car le graphite est l'un des meilleurs lubrifiants.

Désinfectants

Voici un moyen peu coûteux et absolument très efficace pour désinfecter. Il a pour base l'essence de térébenthine du commerce. Quelques gouttes de cette essence jetées dans les fosses d'aisances de temps à autre suffisent pour en chasser toute mauvaise odeur.

Par ce moyen on peut désodoriser son évier, assainir une mare desséchée ou tout autre lieu insalubre.

Deuxième moyen

Un désodorisant des plus simples et des plus efficace est assurément le *Sucre*.

Tout dernièrement encore, M. le professeur Tillat, dans une communication à l'Académie des Sciences, vantait ses propriétés antiseptiques et assainissantes. Il démontrait que le sucre en brûlant dégage une quantité énorme d'acide formique qui est le plus puissant antiseptique connu, et allait même jusqu'à déclarer que son action était égale en puissance aux appareils désodorisants connus dans le commerce, sous le nom d'ozonateurs.

Odeur de sapin dans les chambres

Pour obtenir dans les chambres le parfum des forêts de sapins, on met dans un pot un litre d'eau bouillante, puis on y verse goutte à goutte une cuillerée d'essence de térébenthine. Une excellente odeur d'aiguilles de sapin se répandra alors dans la chambre. En renouvelant deux fois par jour cette opération, on neutralisera les germes contagieux.

Ce procédé donne un soulagement tout particulier aux malades poitrinaires ; il a l'avantage d'être très peu onéreux, car avec 25 centimes d'essence on en a pour une semaine.

Pour ramollir la corne

Pour ramollir la corne, on la met à séjourner deux jours dans un bain d'eau froide, puis on la trempe quelques moments dans l'eau bouillante. Elle devient absolument molle et prend toutes les formes désirables.

Par ce moyen, les rognures, les déchets peuvent être utilisés : il suffit pour les souder ensemble, de les comprimer dans un moule en laiton que l'on refroidit ensuite brusquement.

Bleu inaltérable

Cette formule entre toutes doit être retenue ; elle donne un bleu absolument inaltérable à l'air avec lequel on peut soi-même teindre ses vêtements sans crainte de les voir au bout de quelque temps d'usage, roussir et changer de couleur.

Faites dissoudre 240 grammes de campêche dans 4 litres d'eau ; ajoutez-y 240 grammes d'alun et 24 grammes d'indigo soluble pulvérisé. Portez à l'ébullition pendant 5 minutes le mélange et filtrez-le après refroidissement.

Pour teindre la paille en noir

On la fait bouillir dans une décoction d'eau de campêche et on la passe ensuite dans un bain de mordant préparé avec le pyrolignite de fer.

Décalcage de gravures et de dessins sur étoffes

On peut décalquer une gravure ou un dessin sur un linge ou sur une étoffe légère, en l'appliquant sur ce linge dont on aura imbibé la surface opposée de collodion.

Pour débarrasser les allées des herbes

Il suffit pour cela d'asperger ces herbes avec de l'eau bouillante. L'eau salée paraît donner le même résultat. Inutile de se servir de sel de cuisine ; le sel dénaturé qui est beaucoup moins cher, agit aussi bien.

Glu artificielle

Régulièrement la glu est le produit de l'écorce intérieure du houx qu'on laisse fermenter quelques jours dans un endroit frais après l'avoir pilée et qu'on fait ensuite bouillir dans de l'eau que l'on évapore ensuite.

Le Journal d'Agriculture Moderne donne un moyen très simple pour obtenir une glu toute autre mais qui ne le cède en rien comme qualité à la première.

On prend de l'huile de lin que l'on fait bouillir et réduire sur un feu de braise sans flammes. Suffisamment réduite, l'huile de lin a toutes les propriétés de la véritable glu.

Il faut opérer au grand air à cause de l'odeur infecte produite par l'huile de lin bouillie.

CHAPITRE VI

Recettes médicinales

*Danger pour les enfants des objets en caout-
chouc. — Remède contre les brûlures. — Rôle
du jus de citron dans le pansement des
plaies de mauvaise nature. — Crevasses et
engelures. — Mal de gorge. — Quinte de
toux. — Contre les enrouements. — Rhumes
de cerveau. — Dents, — Contre le mal d'o-
reilles. — Pour combattre la migraine et les
maux de tête. — Formule de l'eau sédative.
— L'alun arrête les saignements de nez et le
sang des coupures. — Pour chasser les corps
étrangers introduits dans l'œil. — Remède
contre l'insomnie. — Remède contre la dysan-
terie. — Ver solitaire. — Enlèvement des
cors et durillons. — Remède contre la mor-
sure des vipères. — Remède simple et infaillible contre la piqûre des guêpes et abeilles.
— Utilité des piqûres de guêpe. — Propriétés
de certaines plantes. — Propriétés curatives
du sel. — Bains. — Contre le mal de mer. —
Pour les personnes en danger de se noyer.*

Danger pour les enfants des objets en caoutchouc

Les petits enfants ne sauraient avoir entre leurs mains un objet en caoutchouc, sans le porter à leur bouche aussitôt. Or il est à remarquer que certains de ces objets peuvent occasionner des empoisonnements.

Lorsqu'ils sont élastiques et qu'ils surnagent dans l'eau, ils ne sont généralement pas nuisibles. La mauvaise qualité de ces objets est en rapport direct avec leur poids; plus ils sont lourds, plus ils contiennent des sels minéraux.

Les tétines noires sont anodines. Les poupées noires sont dangereuses, car elles contiennent de l'oxide de plomb. Tous les objets en caoutchouc colorés en gris, sont absolument dangereux; ils contiennent de l'oxyde de zinc.

Remède contre les brûlures

Tout le monde sait que le charbon de bois est essentiellement antiseptique, mais aucun d'entre vous, eût-il pu se douter que ce corps renferme aussi des principes émollients d'une très grande importance? Cela est pourtant et on peut l'employer comme remède certain contre les brûlures produites par le contact d'un fer chaud ou de tout autre objet brûlant, n'ayant pas atteint la profondeur des tissus ni causé de complications inquiétantes. On saupoudre de charbon de bois l'endroit atteint. La douleur causée par cette application est d'abord très vive, mais après ce court moment, elle disparaît complètement. Une seule couche est généralement suffisante.

Rôle du jus de citron dans la cicatrisation des plaies de mauvaise nature

L'éminent chirurgien Muller de Berlin a obtenu avec le jus de citron des guérisons de plaies infectieuses qui semblaient défier toute médication et tout pansement. Il touche les plaies deux fois par jour avec le jus de citron pur et fait appliquer par intervalles des compresses imbibées de 5 0/0 de jus de citron. Ce traitement si simple favoriserait donc d'une manière remarquable la détersion et la cicatrisation des plaies.

Crevasses et engelures

Pour guérir les crevasses, frictionnez-les avec un mélange de 15 grammes d'huile d'olive et 15 grammes de glycérine.

Pour les engelures, les personnes qui y sont sujettes en seront préservées si elles se lavent les mains à l'eau fortement ammoniaquée. Pour s'en guérir, il faudra tremper les mains ou les pieds dans la solution suivante :

Un demi-litre d'eau.
20 grammes d'alun en poudre.
Un verre à liqueur d'ammoniaque.

On sort la partie malade du bain, et on l'expose toute mouillée à un feu très vif, de façon qu'elle sèche presque instantanément.

Deuxième remède

On trouvera dans la préparation suivante, un topique à peu près infaillible pour calmer la demangeaison et guérir promptement les doigts, les oreilles, le nez, mortifiés par le froid :

Camphre en poudre..... 10 grammes.
Laudanum................. 2 —
Eau-de-vie, quelques gouttes pour faire une pâte de consistance sirupeuse.

Il suffit d'appliquer en se couchant une légère couche de cette pommade sur les parties enflammées.

Mal de gorge

Un gargarisme d'une solution d'alun suffit souvent à arrêter un mal de gorge.

Quintes de toux

Pour calmer les quintes de toux, prenez une bonne cuillerée à café de glycérine dans de la bonne crème ou autre gourmandise.

Contre les enrouements

Les chanteurs et orateurs de profession chassent les enrouements en prenant par gorgées, de l'alcoolature d'aconit à la dose de 10 à 20 gouttes dans un verre d'eau sucrée.

Rhumes de cerveau

Un remède que l'on dit être infaillible pour guérir les rhumes de cerveau, consiste à priser un peu de sel blanc ordinaire. Au bout d'un quart d'heure la médication a produit son effet.

Dents

En frottant de temps en temps les dents avec du sel en poudre, on les préserve du tartre.

Pour faire disparaître le tartre, on les brosse avec un mélange de sel et de charbon en poudre.

Maux de dents

S'il s'agit de névralgies dentaires, il faut de la chaleur et par conséquent des gargarismes à l'eau de pavot et de guimauve seront très effi-caces. Si le mal est produit par une dent gâtée, on le soulage en faisant dissoudre du sel dans du vinaigre, jusqu'à complète saturation et en se gargarisant avec cette mixture.

On arrête toute sensation de douleur, même dans les cas les plus enragés, en mettant à profit, l'odontalgique infaillible suivant :

Faites-vous préparer par le pharmacien, un mélange d'éther sulfurique à 62° et d'alcool à 90°, le tout saturé de protoxyde d'azote. Imbibez de ce mélange un bourdonnet de ouate et introduisez-le dans la dent cariée. La douleur cesse comme par enchantement.

Un bourdonnet de ouate à peine imbibé d'acide phénique pur, produit à peu près le même effet ; mais ce dernier moyen n'est pas à conseiller en raison de la manipulation excessivement délicate que demande ce produit.

Contre le mal d'oreilles

Pour arrêter le mal d'oreilles, on fait un mélange à parties égales de laudanum et de teinture d'arnica, et on y trempe un morceau de coton que l'on place dans l'oreille.

Pour combattre la migraine

On paralyse complètement dans le plus grand nombre de cas, les accès de migraine et les névralgies, en prenant dès le début un cachet de 50 centigrammes de phénacétine ou de 25 centigrammes de pyramidon.

Deuxième remède

C'est M. le docteur Bourrier, qui l'a découvert et selon lui, il donne des résultats merveilleux, puisqu'il coupe l'accès de la douleur en moins d'un quart d'heure.

Il consiste tout simplement à prendre toutes les 5 minutes une prise de poudre de nielle.

La nielle est une plante qui pousse dans les blés. Elle se trouve chez tous les herboristes. On achète les graines que l'on réduit soi-même en poudre.

Les maux de tête qui ne proviennent pas d'embarras gastriques, se calment en faisant une application d'eau sédative sur le front.

Autre remède pour guérir les maux de tête

Le simple acte de marcher à reculons est excellent et le plus souvent infaillible pour guérir les maux de tête d'origine nerveuse.

Ces exercices doivent être faits très lentement et durer environ 10 minutes.

Formule de l'eau sédative

Mettez une demi poignée de sel dans un demi verre d'eau et laissez fondre. Mettez ensuite dans un demi-litre d'eau un verre à liqueur d'ammoniaque et un quart d'un petit verre d'alcool camphré. Agitez fortement et ajoutez-y en dernier lieu le demi-verre d'eau salée.

L'eau sédative est employée à une foule d'usages : en compresses, en lotions, etc. Si elle est trop concentrée, au point d'irriter les peaux délicates, il faut l'étendre d'eau ordinaire.

L'alun arrête les saignements de nez et le sang des coupures

Vous arrêterez facilement un saignement de nez en prisant de la poudre d'alun. Une hémorragie vient-elle à se produire par suite d'une coupure, saupoudrez la plaie d'alun, elle s'arrêtera.

L'alun, en dehors de ses nombreux usages, est donc un remède précieux, qui ne coûte pas cher et qui n'offre aucune espèce de danger.

Pour chasser les corps étrangers introduits dans l'œil

L'introduction d'un fétu dans l'œil, peut entraîner des accidents très graves ; aussi faut-il s'empresser d'y remédier. Pour cela, on écarte la paupière inférieure et on laisse tomber dans la cavité obtenue, une graine de lin. On ferme l'œil. La graine reste d'abord collée au globe, mais bientôt après, elle se recouvre d'un mucilage qui lui permet de glisser aisément en tout sens. Au bout d'un laps de temps, elle sort toute gluante par le coin interne. La douleur disparaît presque aussitôt après l'introduction de la graine, qui a agi à la façon des pierres d'hirondelle.

Elle a sur ces dernières l'avantage de faciliter tout glissement. Le remède est donc complet et facile à trouver.

Remède contre l'insomnie

Il existe un moyen bien simple et généralement ignoré du public pour se procurer le sommeil, on mouille la moitié d'un essuie-main et on l'applique sur le derrière du cou, en pressant en haut vers la base du cerveau et en plaçant sur l'autre moitié, la partie sèche de la serviette qui empêchera l'évaporation trop rapide.

L'effet produit est immédiat, et la sensation éprouvée des plus agréables. Le cerveau est rafraîchi et l'on obtient de la sorte un sommeil plus doux et plus calme qu'à l'aide d'un narcotique.

Remède contre la dysenterie

La médecine vient de s'enrichir d'une nouvelle médication très efficace pour combattre la dysenterie.

A l'imitation des Cafres, les médecins de l'armée Transvaalienne, ont eu l'heureuse idée d'expérimenter ce remède qui leur a donné de complets résultats. Il se compose d'une tisane faite avec des racines de géranium. On fait bouillir 4 onces de ces racines dans un demi-litre de lait pendant 20 minutes. On prend une cuillerée à bouche de cette tisane toutes les 2 heures jusqu'à complète guérison.

Toutes les racines de n'importe qu'elle espèce de géraniums, donnent le même résultat.

Ver solitaire

Pour se débarrasser du ver solitaire, nous donnons ici une formule du docteur Reimoneng, de Bordeaux, qui réussit à peu près toujours :

200 graines de courge pelées et réduites en pâte.
Huile de ricin.................... 30 grammes.
Miel commun..................... 30   »

On prend le tout en une seule fois dans un grand bol de lait.

Enlèvement des cors et durillons

Voici, pour enlever les cors et durillons, un moyen excellent : Prenez une gousse du bulbe ou ail de lys, écrasez-le parfaitement et appliquez cette pulpe sur le cors.

Entourez ensuite l'orteil d'une bande de toile. Au bout de la troisième application, le cors s'enlèvera tout seul et le germe sera détruit.

Remède contre la morsure des vipères

Lorsqu'on avait été mordu par une vipère ou par tout autre animal venimeux, les meilleurs traités de thérapeutique vous conseillaient de cautériser la plaie avec de l'ammoniaque ou alcali. Or, M. Kauffman, professeur à l'école d'Alfort, vient de réduire à rien ce traitement, en prouvant que l'ammoniaque n'a aucun pouvoir antivenimeux. Il a démontré avec de nombreux exemples à l'appui, qu'au contraire le permanganate de potasse ou l'acide chromique en solution à un pour cent d'eau, neutralise parfaitement l'effet du venin.

Il recommande donc l'injection de quelques gouttes de l'un ou de l'autre de ces liquides exactement au point de pénétration des crochets.

Pour ma conviction personnelle, j'ai vu guérir par son procédé une chienne qui était considérée comme irrémédiablement perdue.

Il y avait 7 jours pleins, qu'elle avait été mordue par un aspic à la chasse, lorsque le hasard me permit de communiquer cette recette à son propriétaire. Il fit sans hésiter pratiquer les injections, mais sans grand espoir, jugeant qu'il était malheureusement trop tard. Or, quatre jours après, l'animal était si bien guéri que son maître en guise de légitime bravade et pour démontrer publiquement l'efficacité du remède, l'emmenait de nouveau à la chasse.

Remède simple et infaillible contre les piqûres de guêpe

Riches et pauvres ont dans leur jardin un carré de poireaux.

Eh bien, s'il vous arrive de vous laisser piquer par une abeille ou une guêpe, prenez une de ces plantes, coupez-là au vif et frottez pendant quelques secondes l'endroit piqué. La douleur est calmée et l'inflammation ne se produit pas.

Utilité des piqûres de guêpe

Nous nous contentons de reproduire, sans aucun commentaire, la curieuse observation d'un médecin :

« Un rhumatisme me tenait dans un état de souffrance continuelle, lorsqu'un jour, par hasard, je fus piqué au poignet par une guêpe, mon bras enfla immédiatement, mais la douleur disparut de même. Voyant cela, le lendemain je me fis piquer de nouveau volontairement sur le trajet de la jambe enrhumatisée. Le même succès se produisit aussi rapidement et jamais depuis trois ans je n'ai éprouvé la moindre douleur, le moindre souvenir de ce que j'avais enduré.

« Docteur LENDER. »

Propriétés médicinales de certaines plantes.

Apéritives

L'absinthe. — On peut fabriquer un vin d'absinthe des plus agréables à prendre et qui stimule l'appétit et facilite la digestion. Mélangez à un litre de vin : 100 grammes d'alcool et 50 grammes de fleurs ou de feuilles d'absinthe. Laissez infuser vingt-quatre heures avant d'en boire.

Les racines de fenouil et de fraisier en infusion (25 grammes par litre d'eau) sont très apéritives.

Digestives

Le thé, le tilleul, la camomille et surtout le millepertuis perforé (30 grammes par litre d'eau en infusion).

Purgatives

La chicorée sauvage dont on peut manger les feuilles crues, la racine de rhubarbe. On réduit

les racines en poudre et on en avale 2 ou
3 grammes dans un peu de miel. Ce purgatif
quoique très énergique ne cause pas de coliques
et ne fatigue nullement l'estomac ni les intestins.

Dépuratives

Le cresson, les épinards, la racine d'oseille en
infusion, le fumeterre en infusion (*50 grammes
par litre d'eau*), la pensée sauvage, très dépu-
rative (50 grammes en infusion).

Vomitives

La racine de violette peut très bien remplacer
l'ipéca.

Toniques

La reine des prés en infusion, la marrube en
infusion. Remarquons, en passant, que cette
dernière fait maigrir sensiblement. L'hysope
officinale en infusion (20 grammes par litre
d'eau), les racines de gentiane en macération, le
millefeuilles.

Sudorifiques

Les fleurs du sureau, la bourrache, la sauge
en infusion; les racines de bardane en infusion.
Cette plante est souveraine pour combattre la
rougeole chez les petits enfants. Si on leur fait
prendre, par petites cuillerées, toutes les cinq
minutes, 25 grammes d'écorce de bardane en
infusion dans un litre d'eau, l'éruption des bou-

tons est achevée au bout de deux heures et la guérison est complète au bout de quatre jours.

Fébrifuges

L'absinthe en infusion, les fleurs de camomille en infusion qui sont supérieures au sulfate de quinine, les racines de gentiane en macération.

Diurétiques

L'asperge, le cerfeuil, le céleri, la bourrache en infusion, la marrube en infusion, la reine des prés en infusion.

Propriétés curatives du sel

Généralement, on ne se doute pas des propriétés curatives du sel; elles n'en sont pourtant plus à faire leurs preuves. En voici quelques-unes:

Un bain d'eau salée guérit l'inflammation et la fatigue des yeux.

Un gargarisme d'eau salée soulage les maux de gorge.

Les cas les plus invétérés de constipation se guérissent radicalement en prenant, pendant quelques jours, une cuillerée à café de sel dans un verre d'eau, juste en se couchant ou le matin à jeun.

Une friction d'eau salée, de temps à autre, arrête la chute des cheveux.

Bains

Pour remettre les nerfs épuisés et relever les forces du corps, mêlez à votre bain un peu d'ammoniaque. Non seulement vous serez délassé, mais votre peau sera rendue ferme et polie comme du marbre et tout votre corps n'exhalera plus qu'une bonne odeur.

Pour s'éviter le mal de mer

Il n'existe qu'un moyen à peu près infaillible pour s'éviter le mal de mer : Il consiste à régler sa respiration à l'unisson des mouvements du navire. On doit respirer quand on se sent monter et expirer lorsqu'on se sent descendre. Il s'agit, en un mot, d'empêcher le diaphragme de venir comprimer l'estomac.

Pour les personnes en danger de se noyer

Les personnes qui ne savent pas nager et qui pourraient se trouver en danger de se noyer, ne doivent pas oublier, qu'il y a un moyen très simple de se tenir au niveau de l'eau. Ce moyen consiste à mouvoir les jambes comme s'il s'agissait de monter un escalier et à tenir les mains dans l'eau. Que d'accidents seraient évités en mettant en pratique ce simple conseil!

CHAPITRE VII

Soins de beauté

*Comment on se débarrasse des verrues. —
Taches de rousseur. — Recette pour la blan-
cheur du teint. — Comment on fortifie les
seins. — Pour les cous noircis. — Pâte pour
blanchir le visage et les mains. — Teinture
de cheveux châtain. — Contre la calvitie. —
Soins hygiéniques et de beauté.*

Comment on se débarrasse des verrues

Pas besoin de fortes notions d'esthétique pour
juger de l'effet que produit une verrue sur un
visage fait pour être joli. Bon nombre d'agréables
créatures préféreraient se jeter à l'eau plutôt que
de se voir enlaidir pareillement.

Quelquefois on se débarrasse de ces parasites
encombrants en appliquant dessus diverses substances, telles que : acide salicylique, acide
lactique, bichlorure de mercure, etc., mais cela ne
réussit pas toujours. Ne désespérons pas, la science

vient de nous enrichir d'une recette souveraine. Il suffit de déposer sur chaque excroissance, une ou deux fois par jour, une couche de traumaticine (solution chloroformique de gutta-percha) contenant 10 0/0 de chrysarobine. On peut encore badigeonner la verrue avec une solution de 10 0/0 de chrysarobine dans de l'éther sulfurique. Puis, on enlève avec précaution (par raclage) les couches successives qui se dessèchent sous l'influence du médicament.

Deuxième moyen

Voici un deuxième moyen qui n'est pas d'un effet aussi certain que le premier, mais qui, néanmoins, donne de bons résultats. Il consiste à faire macérer l'écorce d'un citron dans un demi-verre de vinaigre puis à se badigeonner les fâcheuses végétations avec ce liquide. Au bout de quatre ou cinq jours, les verrues, ordinairement, disparaissent sans laisser de traces.

Taches de rousseur

Pour faire disparaître les taches de rousseur on se lotionne, chaque jour, la figure avec un chiffon doux imbibé de la solution suivante :

Sublimé corrosif..................	8 grammes
Sulfate de zinc..................	16 —
Alcool camphré..................	20 —
Eau distillée..................	1/4 de litre

On étend ce mélange de 2 ou 3 parties d'eau ordinaire. Au bout de quelques jours, toutes les éphélides disparaissent.

Autre procédé

L'eau de sureau aussi est excelllente pour enlever les taches de rousseur et le bronzage du teint occasionnés par la chaleur du soleil. On prépare des infusions en jetant de l'eau bouillante sur une poignée de fleurs de sureau. On peut user de cette eau pour se laver le reste du corps.

Recette pour la blancheur du teint

Prenez environ 100 grammes de mie de seigle que vous mélangez intimement avec le blanc de 4 œufs frais. Mettez le tout dans un demi-litre de vinaigre, battez à satiété et passez en pressant au travers d'un linge. Lavez-vous le visage trois jours de suite avec le liquide obtenu.

Il n'est aussi rien de meilleur pour conserver la fraîcheur et la limpidité du teint que de mettre sur sa figure le soir, en se couchant, un blanc d'œuf ou un peu de vaseline.

Comment on fortifie les seins

Le meilleur moyen de rendre les seins durs et fermes consiste à les masser très souvent à l'eau froide ou, bien mieux, à l'eau de fleurs de sureau, également froide.

Pour les cous noircis

A la suite d'un coup de soleil ou de tout autre effet de la chaleur, certaines personnes ont la peau du cou tellement basanée qu'elle défie tous les remèdes pour se laisser blanchir. Eh! bien, elle ne saurait résister à la composition suivante qui se charge de la rendre blanche comme neige et souple comme le fin velours.

Mélangez ensemble :

    Pommade de concombre..... 5 grammes
    Oxyde de zinc 5   —

Frictionnez-vous le cou matin et soir avec le produit. Au bout de trois ou quatre jours, le résultat sera complet.

Pâte pour blanchir le visage et les mains

Faites cuire des pommes de terre blanches et farineuses; pelez-les et après les avoir écrasées vous les délayerez avec du lait.

Teinture de cheveux châtains

Pour se teindre les cheveux en châtain d'une façon durable, on se mouille les cheveux matin et soir, à l'aide d'une brosse douce, avec une décoction très concentrée de thé. A la longue, les cheveux se teintent en châtain foncé.

En employant des décoctions d'écorce de noix verte, on obtient encore une teinte plus foncée tirant plutôt sur le brun.

Contre la calvitie

Pour affermir le cuir chevelu et faire repousser les poils, on doit se laver la tête pendant quelque temps avec une solution d'acide lactique à 50 0/0 d'eau.

L'humidité de la chevelure est dangereuse ; elle favorise la calvitie et peut occasionner de douloureuses névralgies. Après chaque lavage, il faut sécher la tête avec des serviettes chaudes et ne la recouvrir qu'autant que toute trace d'humidité a disparu.

Soins hygiéniques et de beauté

Il faut bien se garder d'omettre, un seul jour, les ablutions intimes ; elles se font à l'eau tiède. On ne saurait croire l'effet vieillissant que la malpropreté de ces endroits imprime sur le visage. La beauté est une belle fleur, mais, en tant que fleur, elle demande à être cultivée, sinon elle se fane. On pourrait dire aussi, qu'à ce point de vue, il existe des vieillards de trente ans.

On efface les rides ou du moins on les atténue en mettant sur la figure des astringeants ou, pour mieux dire, des resserrants. La glycérine est toute désignée pour cela; toutefois, on ne doit pas user de ce produit trop souvent, car, à force, il jaunit la peau.

CHAPITRE VIII

Destruction de la vermine et des animaux nuisibles. — Remèdes vétérinaires.

Destruction des punaises. — Moustiques. — Pour empêcher les mouches de tourmenter les animaux. — Puces des chiens. — Destruction des vers. — Destruction des limaces et des escargots. — Comment on éloigne les fourmis. — Destruction des taupes. — Préservation des sacs contre les rongeurs et la moisissure. — Destruction des rats. — Capture des renards. — Remède souverain contre la météorisation des animaux. — Guérison de la fièvre aphteuse. — Pour empêcher les vaches de retenir leur lait.

Destruction des punaises

Une solution d'onguent mercuriel dans la même quantité de pétrole, constitue un remède foudroyant contre les punaises et la vermine en général.

Il suffit d'imbiber de la solution, à l'aide d'un morceau de laine, les bords du lit et les boiseries de la chambre. (Voir aussi : Puces des chiens).

Deuxième remède

Voici un autre insecticide qui, certes, n'est pas douteux, ne coûte pas cher et n'a aucun inconvénient. Dans un demi-litre de pétrole ordinaire, on ajoute pour 26 centimes d'essence de lavande, on agite bien et l'on passe avec un pinceau.

Poudre insecticide

Borax	550 parties
Amidon...............................	150 »
Cacao................................	50 »

Comment chasse-t-on les moustiques

On prend un petit morceau de camphre et on le place sur une plaque de métal que l'on chauffe en ayant soin de ne pas le laisser enflammer. Il se volatilise rapidement, les vapeurs remplissent la chambre et les moustiques s'enfuient.

Pour empêcher les mouches de tourmenter les animaux

Si on fait bouillir pendant 5 minutes une bonne poignée de feuilles de laurier dans un kilo de saindoux et qu'on en lave ensuite les animaux, aucune mouche ne les approchera de la journée.

On peut éponger les animaux avec une infusion, soit de marrube noire, de chicorée sauvage, de morelle ou d'absinthe ; mais de tous les préservatifs, aucun n'est aussi efficace qu'une macération de feuilles de noyer. On laisse les feuilles tremper dans l'eau froide avec laquelle on lavera ensuite les animaux.

Puces des chiens

Pour débarrasser les chiens de leur vermine, on les lave de temps à autre avec de l'eau contenant un centième environ d'acide phénique et un dixième d'alcool.

Les feuilles de tanaisie placées en litière dans les niches des chiens les délivrent de leurs puces. Etendues entre les matelas, ces feuilles chassent aussi les puces et les punaises.

Pour détruire les vers

Les vers blancs sont un des plus grands ennemis du terrien ; ils s'attaquent aux racines, notamment à celles du fraisier et causent annuellement pour 300 millions de dégats à l'agriculture française.

Ils ne sont donc pas à dédaigner ; il faut les détruire et pour cela il suffit d'arroser le sol avec de la tisane de feuilles de noyer. Ils sortent alors tous du sein de la terre et crèvent à sa surface.

Destruction des limaces et escargots

Pour les détruire on peut faire avec du sulfate de fer en neige, une ligne continue entre les plantes à protéger et le refuge des escargots ; pas une de ces gluantes bestioles ne franchira la ligne tracée, sans être mortellement frappée ; à condition toutefois que le terrain ne soit pas trop humide, afin que le sulfate de fer ne puisse se dissoudre complètement avant la sortie des escargots.

On peut aussi les éloigner en entourant d'une ligne de sciure de bois, l'endroit à protéger.

Comment on éloigne les fourmis

Pour les éloigner, les moyens sont multiples, citons les meilleurs :

1º Distribuer du tabac à fumer dans le lieu qu'elles fréquentent ;

2º Mettre de la sciure de bois sous les arbres fréquentés ;

3º Enrouler en spirale un **fil de laine autour** des arbres ;

4º Mettre des feuilles de noyer dans les armoires contenant des siroteries ou du sucre.

Destruction des taupes

Les taupes sont très friandes d'insectes et de larves. Les vers de terre sont pour elles un mets de prédilection qu'elles dévorent avec une gloutonnerie sans pareille. On peut donc prendre quelques-uns de ces vers, les laisser jeûner 24 heures, puis les saupoudrer de noix vomique. On les laisse quelques heures avec ce contact ; après, on les roule dans une pâte de **farine en** forme de boulettes.

Les taupinières sont découvertes et on **introduit** une ou deux boulettes dans chaque trou de galerie.

Sitôt que les taupes ont avalé ce viatique, elles meurent foudroyées par le poison.

Préservation des sacs
contre les rongeurs et la moisissure

Pour empêcher que les sacs ne soient déchirés par les rongeurs et les garantir contre l'humidité, on les met à tremper 4 jours dans un bain préparé comme suit :

Eau de savon.......................... 100 parties
Sulfate de cuivre.....................   2   »

Le sulfate de cuivre fixé par le savon, préserve les tissus de la putréfaction.

Destruction des rats

Ce remède a valu à son inventeur le prix de 50.000 francs que le gouvernement de Grèce avait promis à celui qui lui fournirait le plus sûr agent de destruction des rongeurs.

3/4 de poudre de scille mélangés à un 1/4 de sucre en poudre, constituent un poison foudroyant pour les rats, souris, loirs et mulots. Toutefois, il faut aromatiser avec de l'essence de fenouil, par exemple, répandue sur le sucre. Il faut conserver ce produit dans un vase bien bouché, sans quoi la poudre de scille ne tarderait pas à fermenter.

On mélange une pincée de cette poudre, soit avec du pain, du fromage, de la pâtée n'importe.

Cette poudre est complètement inoffensive pour les chats, les chiens et autres animaux domestiques.

Autre moyen

On étend à terre sur une assiette, du plâtre en poudre très fine, on y mélange de la farine. A peu de distance on place un autre vase contenant de l'eau. Les rats, en mangeant de la farine, absorbent forcément un peu de plâtre qui leur donne une vive soif ; ils vont boire et alors le plâtre se gonfle et détermine la mort.

Les feuilles de rue fétide semées dans les greniers chassent les rats.

Capture des renards vivants

Le temps dépensé pour capturer un renard vivant est souvent considérable, le travail aussi ; et encore 7 fois sur 10 il arrive que l'animal vous échappe, Dieu sait comment.

Les trappeurs américains, eux, n'éprouvent jamais de déception ; ils ont reconnu que l'odeur de l'*assa fœtida* est pour le renard un stupéfiant souverain, elle produit sur lui une espèce de paralysie qui lui enlève jusqu'à l'idée de fuir. Ils s'arment de torches de résine dans lesquelles ils ont fait fondre de l'*assa fœtida* et les allument à l'entrée des terriers.

Remède souverain contre la météorisation des animaux

Les remèdes employés jusqu'à ce jour pour soulager les animaux météorisés, ne sont jamais d'une efficacité immédiate. Le percement du flanc qui est le plus employé, ne va pas sans dangers.

M. de Monicaut, président du Comice agricole de Trévoux (Ain), a trouvé le remède souverain cherché vainement jusqu'ici. Ce remède consiste tout simplement à introduire dans la bouche des animaux, un fragment de racine de chélidoine long de 2 à 3 centimètres. Le gonflement cesse instantanément. C'est à la suite d'une expérience faite sur plus de cent animaux, que M. de Monicaut préconise ce nouveau moyen de guérison.

La chélidoine s'appelle aussi éclaire ; elle est très répandue dans la nature. On la rencontre souvent le long des vieux murs, sur les décombres, dans les lieux couverts. Elle a une tige tendre, un peu poilue ; ses feuilles sont minces, glauques en dessous et à grandes divisions. Les fleurs sont jaunes. Le suc de cette plante est également jaune.

Guérison de la fièvre aphteuse

Voici une formule que tout intéressé doit immédiatement noter, car elle est d'un effet certain et pas coûteuse.

Pour guérir la fièvre aphteuse, on prépare une solution de 15 grammes d'acide salicytique pour un litre et demi d'eau, avec laquelle on lave trois fois par jour la bouche et les pieds de l'animal contaminé. De plus, on saupoudre le **haut** des sabots avec de l'acide salicylique en poudre. On mélange aussi ce produit à la boisson des animaux à raison d'un gramme par jour et par tête de bétail.

On leur donne à boire cette solution 3 ou 4 fois en 12 heures.

Au bout du quatrième jour, les vaches et les bœufs retrouvent leur appétit et après huit jours la guérison est complète.

On a fait également l'essai de ce remède sur des truies nourrices; elles ont été guéries et les petits ne sont pas morts. Ce résultat a été obtenu au bout de deux jours seulement de traitement.

Pour empêcher les vaches de retenir leur lait

Il arrive assez souvent que les vaches se refusent à donner leur lait. Il existe, paraît-il, un moyen purement mécanique pour vaincre leur mauvais vouloir : Il suffit de placer les extrémités des doigts raidis sur l'épine dorsale de l'animal, un peu en avant des hanches. On presse alors aussi fortement que possible pendant une minute environ. En recommençant la traite on pourra recueillir tout le lait de l'animal.

CHAPITRE IX

Amusements scientifiques

Hygromètres d'un nouveau genre. — La plus simple des lampes à acétylène.— Les illuminations colorées. — Feux d'artifices.

Hygromètres d'un nouveau genre

Faites une solution de cobalt dans de l'eau, à la dose de 4 ou 5 pour 100. Prenez un bouquet de fleurs artificielles toutes blanches et plongez-le dans le liquide.

Retirez et laissez sécher. Ces fleurs se coloreront en bleu si le temps est beau ; en lilas par un temps variable et en une jolie teinte rose si la pluie menace.

Autre moyen d'indication

On étend les trois combinaisons suivantes parallelement soit sur les carreaux d'une fenêtre, sur une feuille de papier recouvrant le mur ou sur tout autre objet :

$$1° \begin{cases} \text{Chlorure de cobalt} \dots & 1 \text{ partie.} \\ \text{Gélatine} \dots & 10 \quad — \\ \text{Eau} \dots & 100 \quad — \end{cases}$$

$$2° \begin{cases} \text{Chlorure de cuivre} \dots & 1 \text{ partie.} \\ \text{Gélatine} \dots & 10 \quad — \\ \text{Eau} \dots & 100 \quad — \end{cases}$$

$$3° \begin{cases} \text{Chlorure de cobalt} \dots & 1 \text{ partie.} \\ \text{Gélatine} \dots & 10 \quad — \\ \text{Eau} \dots & 200 \quad — \\ \text{Oxyde de nickel} \dots & 75 \quad — \\ \text{Chlorure de cuivre} \dots & 25 \quad — \end{cases}$$

Ces combinaisons sont incolores quand le temps est humide.

Par un temps clair, le nº 1 donne une couleur bléue ; le nº 2 une couleur jaune et le nº 3 une couleur verte.

La plus simple des lampes à acétylène

Remplissez un petit sac en toile de carbure de calcium ; adaptez-y un tube en caoutchouc conduisant à un bec quelconque.

Ficelez le sac et mettez-le dans un vase d'eau que vous laisserez découvert. Voilà toute la complication. Pour deux sous de l'heure, vous aurez une lumière splendide valant bien celle des becs électriques.

Les illuminations colorées

On peut égayer très agréablement une fête de famille, un repas solennel, une kermesse publique, en produisant des illuminations colorées au moyen des flammes de l'alcool (esprit de bois)

Voici les formules :

1° Feu bleu
- Alcool........... 1 partie.
- Acide borique... 1 —

2° Feu jaune
- Alcool........... 1 partie.
- Sel marin........ 8 —

3° Feu rouge
- Alcool........... 1 partie.
- Sulfate de soude.. 8 —

4° Feu rouge
- Alcool........... 1 partie.
- Chlorure de stron-tiane........... 1 —

5° Feu rouge
- Alcool........... 1 partie.
- Cinabre (sulfure de mercure)..... 2 —

6° Feu vert
- Alcool........... 1 partie.
- Nitrate de cuivre. 3 —

7° Feu vert
- Alcool........... 1 partie.
- Sulfate de cuivre. 1 —
- Acétate de cuivre. 2 —

Les parties sont en poids.

On mélange bien les substances, on les met ensuite dans des godets de terre ou ont été placées quelques mèches de coton et on allume.

Ces compositions projettent une grande lumière, dont l'intensité est comparable aux feux de bengale.

Feux d'artifice

Voici le moyen de se procurer le spectacle d'un joli feu d'artifice sans presque bourse délier et sans avoir la moindre notion de l'art. Le plus inexpert peut être le plus habile.

On verse dans une éprouvette, environ 3 centimètres cubes d'acide sulfurique pur, que l'on recouvre d'un égal volume d'alcool à 96°. Il faut verser ce dernier le plus doucement possible, afin d'éviter le mélange intime des deux liquides. Si l'on introduit maintenant dans le vase qui les renferme, un cristal assez gros et bien compact de permanganate de potasse, ce cristal au contact de l'acide, dégage des bulles gazeuses et après quelques minutes, on constate à la zone de contact des deux liquides, des étincelles brillantes diversement colorées, et de petites explosions. Les étincelles se multiplient, la pétarade redouble, les deux liquides se mélangent et cela fait un beau feu d'artifice, qui dure environ un bon quart d'heure.

Durant l'expérience, la température de l'alcool ne s'élève pas jusqu'à son point d'ébullition et il ne s'enflamme pas.

CHAPITRE X

Simples notions d'hygiène concernant l'habitation. — Les climats. — Le travail. — L'hygiène de l'enfance.

Sur l'habitation. — Du chauffage intérieur. — Les vêtements. — La température. — Effets des climats sur l'organisme. — Influence de l'état du sol sur la santé. — Le travail. — Le sommeil. — Précautions hygiéniques à prendre selon les différentes professions auxquelles on se livre. — Hygiène de l'enfance. —

Simples notions d'hygiène

La santé est le plus précieux de tous les biens — personne n'oserait affirmer le contraire. Nous avons donc pensé avec juste raison, que c'était faire œuvre intéressante et éminemment utile, que de placer sous les yeux du lecteur certains remèdes préventifs, certaines notions élémentaires de technicologie hygiénique que pas mal de personnes, même cultivées, ignorent.

Sur l'habitation

Si l'habitation est trop petite, obscure et humide, elle occasionnera fatalement des maladies, entr'autres la phtisie et la scrofule.

La pièce de l'appartement qui exige les plus grandes précautions, est bien certainement la chambre à coucher. Pour être dans de bonnes conditions, il faut qu'elle soit grande, bien aérée, pourvue d'une cheminée qui ventile toujours un peu.

Il faut éviter autant que possible de placer dans une chambre les tentures aux couleurs vertes, ainsi que le papier vert — cette couleur renferment du cuivre et de l'arsenic, dont les poussières se mêlant à l'atmosphère sont dangereuses.

Les murs devront être peints à l'huile de lin, car ceux blanchis à la chaux sont moins sains, parce qu'ils sont rugueux.

Les premiers ont l'avantage d'empêcher les miasmes de s'y fixer. Pour renouveler l'atmosphère de la chambre, les portes et fenêtres seront situées de façon à établir un courant d'air.

Tous les matins, lorsqu'on a découvert les lits, on devra renouveler l'air.

L'exposition à l'est et au midi, d'une chambre à coucher, est préférable que celle au nord, même si l'on se trouve dans un climat tropical.

Tout ce qui peut altérer la pureté de l'air doit être soigneusement banni de la chambre à coucher — tels que les plantes et les fleurs, qui en dégageant de l'acide carbonique, vicient l'air. Certaines, parmi ces dernières, peuvent amener la mort.

Une chambre bien close, de 20 mètres cubes, peut être habitée par une personne seule, pendant 7 ou 8 heures, après ce temps elle ne sera pas exempte d'odeurs et d'un excès d'humidité; une chambre de 60 mètres cubes n'a pas ces inconvénients. Le tirage établi par la cheminée, double ou triple le volume d'air que contiendrait une chambre, si elle était parfaitement fermée. Le chauffage est un moyen actif de ventilation, plus puissant par les cheminées que par les poêles.

Une petite cheminée pouvant brûler 1 kilogramme de houille ou 2 kilogrammes de bois en une heure, renouvelle pendant ce temps de 50 à 100 mètres cubes d'air et assainit une pièce contenant 12 à 15 personnes. Les cheminées sont indispensables dans les maisons ayant des ouvertures d'un seul côté. On ne saurait s'élever avec assez de force contre cette ignorance criminelle qui consiste à vouloir fermer les cheminées sous prétexte de retenir la chaleur. Il y a danger de mort immédiat. Les récentes expériences ont démontré que l'oxyde de carbone se dégage avec abondance au commencement et à la fin de la combustion alors qu'il n'y a presque plus que des cendres. Or, 1 0/0 du volume de ce gaz est plus de deux fois mortel. Le nombre de lits dans une chambre doit être proportionné à sa grandeur. Chaque individu doit avoir à respirer, en 8 heures, 14 mètres cubes d'air sans compter le volume amené par la ventilation.

L'air confiné, méphitique et nauséabond, est pauvre en oxygène, riche en acide carbonique, et impropre à la vie, il peut occasionner l'asphyxie. Le malaise que l'on ressent dans les salles de spectacles et dans les nombreuses assemblées, ne vient pas seulement de l'air vicié, mais de la chaleur, de la vapeur d'eau exhalée, des odeurs et des acides provenant des exudations du corps humain.

Sous le rapport du bon conditionnement des demeures, l'habitant des campagnes est plus heureux que l'ouvrier des agglomérations rurales. Si sa maison est petite et pauvre, elle est du moins inondée d'air et de lumière; les enfants qui l'habitent sont toujours frais et robustes, quoique souvent privés du nécessaire,

Et pourtant ! ô inconséquence et abherration !
nous voyons le terrien déserter ses champs de
plus en plus, pour venir s'implanter avec tous
les siens au sein des grandes villes où le guettent les déboires, le désenchantement, la maladie et le plus souvent la misère.

Du chauffage intérieur

Les appareils de chauffage doivent remplir
les conditions suivantes : chaleur suffisante
jointe à une faible dépense, des dispositions
favorables permettant l'élimination complète des
gaz délétères et des vapeurs lourdes.

Les réchauds, chaufferettes et braseros sont
de tous les foyers les plus dangereux, en ce sens
qu'ils saturent l'atmosphère ambiante de gaz
acide carbonique et surtout d'oxyde de carbone,
le plus dangereux des gaz qui asphyxie et paralyse. Ils émettent aussi une trop grande quantité de vapeurs de charbon dont l'inhalation prolongée prédispose aux rhumatismes nouveaux.

Les poêles n'offrent aucun danger s'ils ne sont
surchauffés, si l'on ne ferme pas la clef qui diminue le tirage, et si ce tirage est bon. Les
tuyaux et les poêles neufs, ou frottés de plomba-
gine, en s'échauffant, dégagent un peu d'oxyde
de carbone et peuvent occasionner de sérieux
accidents.

Les poêles mobiles sont ceux auxquels on doit le moins se fier. Ils ont peu de tirage. L'acide carbonique étant obligé de traverser de bas en haut une colonne enflammée, se transforme partiellement en oxyde de carbone qui ne manquera pas de se répandre dans la pièce, pour peu que les conditions de fermeture laissent à désirer.

L'appareil de chauffage le plus sain est la cheminée, mais il donne moins de chaleur que le poêle et use plus de combustible.

Voici quelle est la puissance de chaleur émise par les différents combustibles usuels :

Le bois donne de 35 à 50 0/0 de calorique. La tourbe 60 0/0. Le lignite 65 à 70 0/0. Le coke 75 à 87 0/0. Le charbon de bois 75 à 87 0/0. La houille 75 à 94 0/0, et l'anthracite 92 à 93 0/0.

Le coke et l'anthracite émettent une quantité très grande de gaz nuisibles et demandent par conséquent un tirage fort considérable.

Les vêtements

Les matières qui forment les vêtements sont animales ou végétales. Ces substances ont de grandes différences calorifiques, elles se chargent plus ou moins d'humidité atmosphérique et laissent s'effectuer plus ou moins vite la transpiration. La laine étant mauvaise conductrice de la chaleur, la laissant difficilement s'échapper, est

éminemment propre à la confection de vêtements
nous garantissant le mieux contre les intempé-
ries de l'hiver et les chaleurs brûlantes de l'été.
Toutefois, dans nos climats tempérés, il convient
de lui préférer, pour la saison chaude, les vêtements d'origine végétale tels que ceux de coton
ou de lin qui ont l'avantage de laisser s'opérer
librement le phénomène de la transpiration.

Ces derniers ne sont pas à recommander par
les rigoureuses températures en vertu de ce principe que nous pourrions ainsi définir : « Plus
les tissus absorbent facilement l'humidité plus
ils sont froids. »

En la matière, la couleur n'est pas à dédaigner, elle joue, au contraire, un rôle très important dans la question du calorique.

Le noir est trop bon conducteur de la chaleur.
Ainsi, un vêtement noir absorbe avec avidité
tous les rayons calorifiques. Il serait donc d'une
grande utilité s'il n'avait le défaut d'être folle-
ment débonnaire. En effet, il n'a pas plutôt
accaparé la chaleur qu'il éprouve le besoin impé-
rieux de s'en défaire en la projetant en tous sens
dans son ambiance ; et il dilapide ainsi en pure
perte non seulement la chaleur lui venant du
soleil mais encore toute celle que notre corps lui
communique.

L'étoffe blanche, au contraire, rachète par ses

qualités tous les vices de sa prodigue compagne. Elle garde précieusement la chaleur de notre corps et interdit toute entrée dans son tissu à la radiation solaire. Etant mauvaise conductrice de la chaleur, elle réunit toutes les conditions pour former le vêtement idéalement pratique de toutes les saisons et sous tous les climats.

Les vêtements de laine s'imprégnant facilement de miasmes seront nettoyés avec plus de soin que ceux de coton.

Ne vous servez jamais de la literie ni des vêtement de personnes inconnues sans les avoir soumis à la désinfection ou au lessivage qui détruisent à peu près sûrement tous les microbes et les germes morbifiques.

Les vêtements doivent être toujours amples, afin de permettre à l'air de circuler ; la compression exercée sur certains organes peut être nuisible.

Les cravates trop serrées peuvent occasionner l'apoplexie. Pour éviter les maux de gorge et les bronchites il faut très peu se couvrir le cou.

Les corsets, s'ils sont trop serrés, compriment démesurément les organes de la digestion et de la respiration et sont en principe la cause de très graves maladies affectant surtout le foie et le cœur. L'idéal pour la femme bien faite serait de ne porter que des gorgerettes, tout juste pour soutenir les seins. Les jeunes Grecques tant réputées pour leur beauté et leur sveltesse, ne s'entouraient la taille que de quelques bandeaux.

Les jarretières trop serrées font enfler la jambe et provoquent les douloureuses varices. Il faut toujours les placer au-dessus du genou afin qu'elles ne gênent en rien la circulation du sang dans les vaisseaux.

Les chaussures trop étroites amènent les cors et durillons ; les hauts talons ne sont pas moins à proscrire. En dehors de la considération qu'ils peuvent occasionner des chutes beaucoup plus facilement que les autres, ils mettent le pied dans une contrainte irrationnelle qui peut déterminer chez la femme de très graves désordres pour sa santé.

La température

L'air est un mélange de gaz. L'oxygène, qui entretient la vie et la combustion, forme les 23,01 pour 100 de son poids ; le gaz azote, gaz inerte neutre, impropre à la combustion et à la respiration, y entre dans les proportions de 76,99 pour 100 de son poids ; le gaz acide carbonique provenant de la respiration des hommes et des animaux, de la bouche des volcans, du sol et des sources gazeuses, de la décomposition des matières végétales, forme une proportion de 3 à 6 dix millièmes. L'air renferme aussi de la vapeur d'eau nécessaire à l'existence des êtres vivants.

Les poussières, les moisissures, les champignons microscopiques, les bactéries de toutes sortes peuplent également l'air principalement dans l'enceinte et aux alentours des grandes cités.

On a remarqué que le nombre des bactéries (ferments des maladies contagieuses), atteignait son maximum aux belles saisons et son minimum en hiver.

Les vents ont une grande importance en hygiène, ils influent considérablement sur la santé.

Le simoun, vent brûlant du désert, entraîne toujours une grande quantité de sable et cause de nombreuses ophtalmies, quelquefois, même l'asphyxie. En augmentant d'une façon trop rapide l'évaporation des humeurs, il plonge tout le corps dans une grande faiblesse.

Le siroco, vent d'Afrique et d'Italie, peut tuer des animaux en moins d'une demi-heure.

Parmi les vents froids, citons le mistral dans la vallée du Rhône, le vent du nord dans les contrées plus froides ; ils seront évités par les personnes délicates, car ils occasionnent des refroidissements sans réaction.

Les climats se partagent en trois divisions :

les climats *chauds*, les climats *tempérés* et les climats *froids*.

Les climats chauds renferment la zone torride et s'étendent des deux côtés de l'équateur jusqu'au 35° degré de latitude. Presque toute l'Afrique, l'Indo-Chine, la Nouvelle-Hollande, les Antilles, la Californie sont renfermées dans cette zone; la température moyenne varie entre 20 et 27 degrés (*maximum 48 degrés, minimum 12 degrés.*)

Les climats tempérés s'étendent entre le 35° degré de latitude australe ou boréale et le 50° ou 55° degré: l'Europe méridionale, les Etats-Unis, le Chili, la Patagonie, la Chine, le Japon, occupent la région tempérée.

La moyenne de la température est entre 10 et 15 degrés (en hiver 3 degrés, en été 19° 9).

Les climats froids s'étendent du 50° au 55° degré au pôle: le nord de l'Ecosse, la Norvège, la Finlande, la Sibérie, le Groenland, le Canada. La température est de 5 à 10 degrés. La température la plus froide n'est pas au pôle où la moyenne est 16 degrés, mais au nord du détroit de Behring où sa moyenne est de 25 degrés.

La comparaison de la température moyenne d'un lieu entre le mois le plus chaud et le mois le plus froid de l'année a une grande importance médicale et divise les climats en: climats *constants*, climats *variables* et climats *excessifs*.

Les climats **constants** sont favorables aux personnes souffrant de la poitrine.

Tels sont ceux de Madère, de la Havane, de Madras, etc... où la différence de température, du maximum au minimum, ne dépasse pas 7 degrés.

Les climats variables, sont ceux où la différence de température dépasse 15°, (Paris, l'Autriche) ils sont nuisibles aux personnes nerveuses ou ayant la poitrine délicate.

Les climats sont excessifs, lorsque la température s'écarte de plus de 23° au-dessus ou au-dessous de zéro.

Les îles et le littoral jouissent d'un climat marin généralement constant. Les courants sous-marins remontant de l'équateur aux pôles échauffent l'énorme masse de liquide qui établit une température sensiblement uniforme.

Les climats variables et les climats excessifs s'observent sur le continent, loin des côtes de la mer. Ils sont produits par les vents qui sont d'autant plus froids qu'ils ont eu à traverser de hautes montagnes et des pics neigeux.

Effets des climats sur l'organisme

Climats chauds. — Sous l'influence de la chaleur des contrées torrides, les fluides de l'organisme, sont attirés vers la peau qui se décolore et acquiert un haut degré de sensibilité ; les fonctions digestives sont difficiles ; le sang ne recevant plus que le produit d'une alimentation peu substentielle est faible, l'activité des poumons est ralentie ; le sang absorbant moins d'oxygène, émet moins d'acide carbonique, et les organes s'en trouvent surchargés. Le foie l'élimine par le tube digestif sous forme de bile. La peau et le foie étant les organes les plus actifs sont les plus sujets à de graves maladies.

Les refroidissements sont fréquents ; le moindre abaissement de température supprime une transpiration abondante ; l'usage de la flanelle sur la peau est nécessaire. La phtisie y fait de rapides progrès, les bacilles se développant plus rapidement que dans les climats tempérés. C'est pour cela que c'est une funeste erreur d'envoyer les phtisiques faire des cures dans les régions tropicales.

Les constitutions sanguines s'acclimatent difficilement dans les climats chauds.

Les tempéraments lymphatiques se rapprochant davantage de la constitution des indigènes, le supportent mieux.

Il convient d'arriver dans les pays chauds pendant l'été, car la saison des pluies est celle des épidémies et des pestes à cause des miasmes qui se dégagent sans cesse du sol.

Dans les pays chauds, l'emplacement de l'habitation est une question de vie ou de mort : il faut fuir les villes, les endroits marécageux et rechercher les lieux les plus élevés comme étant les plus salubres. L'exposition de l'appartement au nord et à l'ouest est moins préférable que celle à l'est à cause de la fraîcheur des brises.

L'alimentation dans ces pays doit être peu nutritive. Les fruits les légumes doivent en former la base. Les boissons alcoolisées sont un adjuvant des fièvres, aussi faut-il à peine en user. Une infusion de café noir le matin à jeun donne d'excellents résultats.

Les maladies que l'on peut contracter dans les climats chauds sont : les fièvres bilieuses, la dysenterie, les fièvres paludéennes, la fièvre jaune, le choléra et la peste.

Sous l'action de la chaleur, l'appétit diminue, la soif devient impérieuse, la respiration et la circulation s'accélèrent, la quantité de bile augmente en rapport avec la chaleur ambiante. A la diminution de l'urine correspond une augmentation de sueur.

Suivant sa continuité, ses brusques variations et son intensité, la chaleur produit des maladies distinctes.

Chaleur continue des températures intertropicales. — Pour que cette chaleur exerce une action désastreuse sur la santé des étrangers, il faut des mois et même des années de séjour continuel. Au-dessus de 30° les forces diminuent, les mouvements sont pénibles, les facultés intellectuelles et morales sans énergie. De là, le caractère paresseux et apathique des nègres des *lazzaroni* napolitains et de tous les habitants de ces chaudes régions. Parmi les maladies provenant de cette chaleur continuelle, il faut ranger les maladies bilieuses. Toutes choses égales d'ailleurs, ces maladies sont d'autant plus nombreuses que la température moyenne est plus élevée. La diarrhée et la dysenterie font le plus de victimes dans ces régions torrides. La diarrhée chronique de Cochinchine produit un si grand accablement, qu'il devient souvent mortel. Le régime lacté exclusif est le meilleur traitement en la circonstance.

Chaleur continue avec grandes variations de température. — Les dangereux passages de la chaleur à une température froide ont lieu dans la zone torride entre la température du jour et celle de la nuit.

Le tétanos souvent épidémique, les coliques nerveuses de ces régions, proviennent généralement de refroidissements. Il faut éviter de s'exposer surtout pendant le sommeil à ces brusques variations.

L'usage de la flanelle, est pour l'étranger, de toute première nécessité.

Chaleur excessive. — Les manifestations morbides d'une chaleur excessive sont promptes, quelques heures suffisent, souvent moins. Delaroche a posé cette loi : « Un animal ne court aucun danger immédiat lorsque la température ambiante est au-dessous du degré de chaleur de son sang ». Dans les régions tropicales, le pouls indique une augmentation sensible de pulsations par minute. La chaleur excessive occasionne de nombreuses congestions et des asphyxies.

Climats tempérés. — Les brusques changements de l'atmosphère, et les successions de saisons des climats tempérés amènent des maladies en rapport avec la période de l'année : l'hiver, ce sont le plus souvent les maladies inflammatoires, l'été, les irritations du tube digestif (diarrhée, dysenterie) et les affections cérébrales ; au printemps et à l'automne, ce sont les affections catarrhales qui prédominent.

En toutes saisons, il faut craindre l'humidité, paralyser les refroidissements, se prémunir contre les brusques changements de température.

C'est sous les latitudes tempérées que l'on rencontre les hommes les plus forts et les plus résistants. Cela tient évidemment à ce que les fonctions nutritives s'accomplissent d'une façon plus normale.

Climats froids. — Le tempérament sanguin s'acclimate mieux dans les froides régions. Sous l'action du froid, l'exhalation de l'acide carbonique augmente : de là pour l'organisme la nécessité de consommer des aliments dont la teneur est plus grande en carbone — tels que la viande — les graisses — les œufs. Les organes qui préparent le sang sont très actifs.

Les maladies endémiques de ces régions sont les inflammations de poitrine, la scrofule et les ophtalmies dans les neiges polaires.

Pour s'acclimater, il faut éviter les excès de table, préférer aux boissons alcooliques le thé, le café et prendre souvent des bains de vapeur. L'organisme sain trouve toujours du bien-être à passer d'un climat chaud dans un pays tempéré ou froid à la condition de séjourner quelque temps dans une station intermédiaire afin d'amortir le choc d'une transition trop brusque.

Les bronchites, les pneumonies, les pleurésies, les rhumatismes articulaires, les maladies du cœur, les hydropisies sont l'apanage habituel de ces régions inclémentes.

Si le froid devient excessif, la température animale s'abaisse, la respiration devient rapide et pénible, le système nerveux est déprimé, l'intelligence devient obtuse, on ressent une répugnance invincible pour le travail, un irrésistible besoin de sommeil qui amène la mort si l'on a le malheur de s'y laisser aller.

L'engourdissement provoqué par le froid, se traduit d'une façon générale par le sommeil. Le hérisson, la chauve-souris, la marmotte s'endorment complètement pendant l'hiver. Durant plusieurs mois, Nansen et son compagnon ont dormi 22 heures sur 24.

Par un grand froid continu, la circulation chez l'homme tend à diminuer. Chez les habitants du Groënland, les pulsations arrivent à n'être plus qu'au nombre de 30 à 40 par minutes. En Sibérie, règne l'ophtalmie des neiges, les apoplexies foudroyantes. Toutes les parties du corps doivent être couvertes, si l'on veut éviter qu'elles ne gèlent et ne se gangrènent.

Le scorbut règne en permanence dans certaines régions.

Influence de l'état du sol sur la santé

La constitution du sol exerce une grande influence sur le développement de certaines maladies. La chaleur interne de la terre ne se fait guère sentir qu'à une profondeur de 30 mètres. L'action solaire seule influe sur la croûte terrestre. Un sol dénudé est plus chaud et plus sec qu'un sol cultivé. Un sol couvert est froid et humide, les pluies y sont fréquentes et les sources durables y abondent. Un sol bien cultivé offre les meilleures conditions d'hygiène. Le voisinage de la mer et des fleuves doit être évité par les personnes affectées de rhumatismes et de catharre.

Dans les terrains granitiques, tels que la Bretagne, le Limousin et la Corse, les maladies les plus communes sont la pneumonie, les bronchites, les rhumatismes et de légères fièvres intermittentes.

Les terrains calcaires sont les meilleurs pour la culture et la santé ; les maladies contagieuses ne s'y montrent guère qu'à l'état d'épidémie ; les terrains crétacés sont peu fertiles, la misère avec son escorte habituelle, s'y montrent fréquemment, quoique cependant le sol soit très sain.

Les Marais. — Les miasmes des marais sont entraînés par l'air (*quand le jour est screin*), dans les hautes régions de l'atmosphère ; à ce moment, leur action est nulle. Le soir et la nuit, ils se rapprochent du sol, se condensent et retombent avec la rosée.

Les feuilles de l'eucalyptus en se putrefiant, ne donnent point naissance aux germes pestilentiels, cet arbre est au contraire une source d'assainissement pour les pays où il croît.

La présence de l'eau est nécessaire au développement des effluves pernicieuses. Tout marais recouvert d'eau, n'offre aucun danger, tout marais qui se dessèche est un foyer d'émanations dangereuses.

En automne, les marais sont le plus à redouter, car à cette époque une foule de détritus végétaux y abondent, se pourrissent et s'évaporent sous l'effet de la chaleur.

On ne s'immunise pas contre les fièvres des marais; il suffit de les avoir une seule fois pour pour qu'elles vous reprennent même loin du lieu qui les *a produites et après de longues années*.

On élève difficilement les enfants (surtout les nouveaux acclimatés), dans les contrées marécageuses. Le vieillard résiste moins à l'action des miasmes, que l'adulte. Certaines contrées de l'Italie n'ont pas de vieillards. En Sologne, dans la Bresse, dans le Gard et dans les Bouches-du-Rhône, les enfants sont littéralement décimés et la durée moyenne de la vie est réduite dans d'effrayantes proportions.

A Cayenne, au Sénégal, l'homme fort et vigoureux, peut difficilement résister plus de quatre ans à l'action des marais.

Dans les contrées malsaines, il faut habiter les lieux les plus élevés et les étages supérieurs; ne pas laisser les fenêtres ouvertes après le coucher du soleil, se couvrir de laines et de flanelle, prendre assez souvent des bains froids, d'une durée de deux à trois minutes et ne jamais boire de l'eau pure ; il convient de la couper soit avec un peu de thé du café ou quelques gouttes de rhum.

Le travail

Le travail est une loi générale.

Franklin a dit : « Si quelqu'un vous dit que vous pouvez vous élever autrement que par l'instruction, le travail et la bonne conduite, fuyez-le. »

La paresse, l'inaction ont de déplorables conséquences sur la santé et l'intelligence.

L'appétit diminue chez les gens inactifs. Si par malheur cet appétit persiste, ils deviennent sujet à la goutte, à la gravelle et à l'obésité. Toutes les secrétions sont diminuées ou modifiées, et alors il arrive que les muscles s'atrophient, et même jeune on tombe dans le gâtisme.

Dans les pays chauds, la paresse est innée, c'est une nécessité du climat, j'oserais dire. N'ayant pas de grands besoins à satisfaire, l'Indien accablé par la chaleur se laisse aller à l'inaction la plus parfaite. La nécessité du travail croît pour d'homme en allant de l'équateur aux pôles. La résistance au froid par une nourriture substantielle, par de chauds vêtements, par la possession et l'entretien d'un abri, forment pour lui autant d'exigences qu'il ne peut satisfaire qu'au prix d'une action incessante, qui au reste est la principale cause de santé.

L'inaction a une fâcheuse influence sur la longévité de la vie humaine. Dans la zone torride, il meurt 1 individu sur 17; en Écosse (pays froid), la proportion est de 1 seulement sur 35.

C'est une grave erreur de croire que la vieillesse est l'âge du repos. L'exercice nécessaire à l'homme adulte, l'est bien plus au vieillard. S'il ne résiste pas à la tendance au repos qu'il éprouve, il s'affaiblira tous les jours davantage.

Un promenade de quelques kilomètres, faite avant le principal repas, est l'exercice le plus salutaire. Les exercices qui mettent en mouvement les muscles des bras et du corps, ne doivent pas être négligés.

Le vieillard qui scie son bois, dit un proverbe savant, se réchauffe mieux et d'une manière plus hygiénique qu'en le brûlant. La seule précaution à prendre est que le travail ne soit pas exagéré et qu'il ne soit pas suivi de refroidissement.

Le sommeil

Les fonctions de notre corps et de notre esprit ne sont pas continues; l'intelligence, les sens, les organes et les muscles, après la fatigue du travail ou des plaisirs, ont besoin de repos, c'est-à-dire de sommeil. Le sommeil rétablit l'équilibre des fonctions et permet d'accumuler des forces pour le lendemain.

La circulation et la respiration sont plus calmes pendant le sommeil que la veille, la digestion s'opère tranquillement et les éléments s'assimilent d'autant mieux que le repos du corps est plus complet.

Le sommeil a été donné à l'homme pour se refaire et se préparer à de nouveaux labeurs. S'il est insuffisant, tout l'organisme en souffrira et se détraquera vite. Il est prouvé qu'un adulte privé de sommeil meurt au bout de vingt jours.

Trop abondant, il alourdit l'intelligence et la vie finit par se concentrer dans les fonctions animales.

Il est admis comme règle générale qu'un enfant doit dormir neuf heures, un adulte en bonne santé sept heures et le vieillard dont les organes fatiguent moins peut se contenter de quatre à cinq heures.

La femme, de par sa constitution physiolo-

— 173 —

gique a besoin de plus de sommeil que l'homme.

Le calme, la tranquilité et la nuit sont le moment le plus propice au repos, parce qu'alors aucune réverbération, aucun bruit ne viennent solliciter les sens et mettre ainsi les nerfs dans une demi-activité.

Rien ne vaut pour la vue la lumière du jour, rien ne peut la remplacer. Aussi sont-elles blâmables les personnes qui prolongent leur travail fort avant dans la veillée à la lumière artificielle et qui s'attardent dans le lit le matin. Ne serait-il pas préférable d'intervertir ces deux rôles !

Le lit doit être plutôt dur que mou. Les lits de plumes sont malsains.

Pour dormir dans des conditions parfaites, il faudrait que l'air de la chambre à coucher puisse à tout instant se renouveler. On peut laisser sans inconvénients une fenêtre ouverte, les nuits d'été, pourvu toutefois que la fraîcheur ne vienne pas directement sur la figure.

Précautions hygiéniques à prendre selon les différentes professions auxquelles on se livre.

Professions agricoles. — La vie est plus longue pour le cultivateur que pour l'ouvrier des villes ; le travail est rude, mais l'air, la vie calme des champs et la sobriété seraient le véritable élixir de longue vie si l'ivrognerie ne venait paralyser trop souvent ces heureuses conditions. Les maladies contagieuses sont accidentelles, elles ne s'acclimatent pas au village. La phtisie et la scrofule font moins de ravages que dans les villes. Les maladies ordinaires proviennent des refroidissements non suivis de réaction, dus surtout au repos pris sur la terre humide. L'alimentation n'est pas toujours bonne non plus ; on consomme trop de viande de porc et pas assez de celle de boucherie ; on absorbe aussi trop d'eau-de-vie aux repas et pas assez de vin.

Les soins du corps sont trop négligés dans la campagne ; la malpropreté y engendre bien des maladies.

Professions sédentaires. — On désigne ainsi les professions où l'on est presque toujours assis et où l'esprit prend une plus large part que le corps. Le danger de ces sortes de travaux est le manque d'exercice, or le mouvement est une des principales lois de notre conservation.

La débilité sénile est souvent une conséquence de la vie sédentaire. Cette vie-là fournit le plus grand nombre de candidats à la goutte, aux congestions hépathiques, cérébrales et rhénales.

Un régime végétarien est celui qui convient le mieux : pain, légumes verts, fruits, un peu de vin, et comme nourriture azotée un peu de poisson, assez souvent des œufs, du lait, etc.

Professions à haute température. — Les forgerons, les fondeurs, les raffineurs, les boulangers, etc., travaillent dans une atmosphère atteignant souvent 40 à 45 degrés. Sous son influence, la sécrétion de la peau s'accroît d'une façon extraordinaire et occasionne l'anémie et les rhumatismes. En outre, la chaleur, l'éclat du feu, peuvent produire la presbytie et des troubles dans la vision. Le fond de l'œil, au lieu de garder sa teinte noire naturelle, prend un aspect nébuleux, le cristallin s'épaissit et la cataracte peut même survenir.

L'usage continuel de la flanelle, la privation de boissons froides, des ablutions fréquentes des yeux avec une dissolution d'acide borique préviendront ces accidents.

Professions à température humide. — Nous devons comprendre dans cette catégorie les laveurs, les tanneurs, les baigneurs, les bateliers, les blanchisseurs.

Ces travailleurs ont besoin d'une nourriture fortement carnée. Les rhumatismes les guettent. L'usage continuel de chauds vêtements de laine, de toile cirée, sera un excellent préservatif.

Les travailleurs souterrains. — Dans certaines mines, telles que certaines houillères d'Angleterre, l'humidité est telle que le mineur est bientôt complètement mouillé ; dans d'autres, au contraire, l'air est si chaud que celui-ci travaille à demi-nu, et les galeries si étroites que les hommes petits et les enfants sont les plus recherchés. Dans ces deux conditions extrêmes, la profession de mineur est désastreuse. L'humidité occasionne des rhumatismes nerveux, des maladies de cœur et une foule d'autres dues aux refroidissements non suivis de réaction. La trop grande chaleur en rarifiant l'air, le rend irrespirable et alors c'est l'anémie et en général les affections pulmonaires.

Une manifestation particulière de la phtisie est le crachement noir qui affaiblit considérablement les forces. Il est dû à l'inhalation constante de poussières de charbon et de vapeurs hydrocarbonées se dégageant de la houille. La ventilation par aspiration assainit mieux les mines que celle par refoulement.

Allumettiers. — La fabrication des allumettes chimiques exige de grandes précautions. Les vapeurs de phosphore produisent une maladie horrible : la carie et la dénudation du maxillaire accompagnée de désordres si graves dans l'organisme que la mort peut s'en suivre. Cette maladie se déclare après un séjour de trois ou quatre ans dans l'usine.

Le contre-poison du phosphore est l'essence de térébenthine.

Peintres et cérusiers. — Dans une récente circulaire le ministre du commerce interdisait aux entrepreneurs du bâtiment l'usage de la céruse et la remplaçait par le blanc de zinc. Tout le monde connaît la raison d'une aussi sage mesure. La céruse est un composé à base de plomb (carbonate de plomb) ; or, le plomb produit des effets désastreux sur ceux qui le travaillent. Il n'a ni odeur, ni saveur. Rien ne peut déceler sa présence dans ses différentes combinaisons.

Les premiers symptômes de l'empoisonnement par le plomb se révèlent généralement par une coloration violette des gencives au collet des dents ou encore par la teinte de la peau et le plus souvent par d'affreuses coliques.

La céruse est un des composés les plus vénéneux du plomb ; sa fabrication est dangereuse. Comme le blanc de zinc ne peut utilement la remplacer dans tous les cas, elle sera encore assez employée. Ceux qui la manient devraient tous avoir des vêtements spéciaux dont ils se débarrasseraient après le travail. Aucun aliment ne doit séjourner dans un atelier où on manie cet ingrédient.

L'ouvrier se prémunira contre ces sortes d'accidents en prenant fréquemment des bains sulfureux, en avalant tous les matins une petite cuillerée de miel et de fleur de soufre, en brossant ses dents tous les jours.

Autres méfaits du plomb

Les vieux bois vendus aux boulangers et couverts de peintures à la céruse peuvent empoisonner le pain.

our guérir les gerçures des seins les docteurs ordonnent quelquefois l'application d'une pommade qui contient de l'acétate de plomb. Les nourrices doivent avoir garde de ne pas allaiter l'enfant durant ce traitement, car elles pourraient très bien l'empoisonner.

Le plomb est attaqué (c'est-à-dire qu'il dégage des sels vénéneux) par l'eau distillée et l'eau de pluie. Les eaux de source ou de puits n'ont pas grande action sur le plomb. Ce qui permet de faire les conduites d'eau en plomb.

Le plomb en présense d'un autre métal et au contact de l'eau est attaqué.

Il faut donc éviter dans les réservoirs en plomb remplis d'eau la présence d'un autre métal, même comme soudure.

L'iodure de potassium, le sulfate de fer hydraté et les bains sulfureux sont autant d'antidotes, combattant l'action noscive des sels de plomb.

Professions employant le mercure

Ce métal même à la température ordinaire émet des vapeurs toxiques. Le tremblement mercuriel dû à une trop grande absorption de mercure par l'organisme, affecte les membres supérieurs et même la langue; il est souvent accompagné de douleurs convulsives. Dans la stomatite mercurielle, la muqueuse du pharynx s'enflamme, les glandes s'engorgent, la langue ne peut plus être contenue dans la bouche, les genvices sont fougueuses, les dents s'altèrent et tombent. Pour combattre les effets du mercure dans les ateliers il faut une bonne ventilation. Les ouvriers devraient prendre tous les jours une petite cuillerée de gelée d'hydrate de persulfure de fer et de temps à autre boire une cuillerée d'iodure de potassium.

Hygiène de l'Enfance

Une mère peut compromettre, par son ignorance, la santé de son enfant. L'hygiène lui enseigne les moyens de combattre la routine et les préjugés quelquefois si funestes.

Le nouveau-né doit avoir la tête peu couverte, les bras libres, les langes peu serrés, pour conserver la liberté de tous ses mouvements. Le berceau sera placé dans une chambre aérée et claire, l'enfant ayant besoin d'air et de lumière. Le jour doit lui arriver de préférence sur le côté, en le recevant par derrière il se fatiguerait gravement la vue en voulant le chercher ; de face, il serait ébloui et ses frêles paupières s'irriteraient. Il faut l'habituer à s'endormir au milieu du bruit ; on doit le mettre tout éveillé dans son berceau, ne pas chercher à l'endormir par des chansons et ne jamais le bercer.

Les couvertures seront légères, mais suffisantes pour le garantir du froid ; la température de la chambre sera de 18 à 20 degrés.

La paillasse du nouveau-né devra se composer de paille d'avoine, de varech ou de fougère.

Dans les premiers temps, l'enfant tète lentement et s'endort au sein ; il faut éviter cette habitude. Dès qu'on le voit cesser de téter, il faut le mettre dans son berceau. Jusqu'à six mois, l'enfant ne doit prendre que le lait de sa nourrice ; après cette époque, on peut lui faire prendre des farineux en petite quantité, on en augmentera peu à peu la dose ; on y ajoutera du bouillon et de l'eau rougie, plus tard des œufs, des pommes de terre et des viandes tendres ; à quatre ans, l'enfant peut supporter la nourriture de la famille. Il est important, en prenant une

nourrice pour un enfant nouveau-né, que son lait
n'ait pas plus de trois ou six mois ; s'il était plus
vieux, il serait trop fort et nuirait à l'enfant.
Un enfant de quelques mois, au contraire, se
trouverait incommodé d'un lait trop récent.

S'il faut avoir recours à l'allaitement artificiel,
on devra préférer à tout autre, le lait stérilisé.
Le lait bouilli est rendu plus indigeste pour l'enfant. Il devra toujours être un peu sucré.

La plus déplorable pratique est de donner à
l'enfant du lait de vache pur ou insuffisamment
coupé d'eau, qui forme pour lui un aliment trop
substantiel et d'une digestion longue et pénible.

Le lait de chèvre ou d'ânesse, se rapprochant
le plus par sa composition de celui de la femme,
doit être employé de préférence.

L'enfant doit téter quatre fois dans la journée
et à des heures régulières. Il faut veiller à ce qu'il
ne soit jamais constipé. On sèvre généralement
les enfants de 12 à 18 mois. Cette opération doit
se faire graduellement, sans brusquerie, pour
éviter des conséquences fâcheuses.

On s'aperçoit que l'enfant a des vers, à sa
langue blanche et à ses déjections d'une odeur
particulière ; il faut les combattre par de légers
vermifuges. L'enfant a besoin d'une grande
propreté, il doit souvent prendre des bains d'eau
tiède, il faut éviter avec grand soin qu'il ne se

refroidisse en sortant de l'eau. Les brusques changements de température et les courants d'air lui sont particulièrement mauvais. La tête sera toujours très propre ; on évitera les croûtes malsaines que la routine désire et conserve. On doit porter l'enfant le moins possible ; il faut le laisser s'amuser seul, sur un tapis, ne pas chercher à l'exciter et ne jamais l'effrayer : ses nerfs sont si sensibles qu'il pourrait en recevoir une fâcheuse impression.

L'enfant doit marcher naturellement ; point de chariot ni de lisières qui le fatiguent. Dès les premiers mois de sa naissance, il doit être vacciné. Les soins à donner à l'enfant se résument à une grande propreté, de l'air, de la lumière, pas de maillots qui le mettent à la torture et, tout en le préservant du froid, avoir soin de lui laisser ses mouvements libres.

TABLE DES MATIERES
par ordre alphabétique

T

U

V

Y

Grande Imprimerie de Troyes, 126, rue Thiers

EXTRAIT DU CATALOGUE

MANUELS UTILES

701-702 M. Decrespe. — *Electricité*, applications
    domestiques et industrielles............... 2 v.
703 H. de Graffigny. — Le jeune Electricien amateur 1 v.
704 L. Tranchant. — Manuel du Photogr. amateur.. 1 v.
705 H. de Graffigny. — Manuel du Cycliste............ 1 v.
706 Audran. — Traité de danse. — Cotillon.......... 1 v.
707   —   Traité de politesse. — Les Usages et
    le Savoir-vivre................... 1 v.
708 M. Decrespe. — Le petit Cycliste amateur...... 1 v.
709 Pierre Deloche. — Traité de pêche à la ligne... 1 v.
710 Madame X... — Cuisinière des petits ménages.. 1 v.
711 E. Ducret. — Pâtissière des petits ménages..... 1 v.
712   —   Boissons et Liqueurs économiques
    des petits ménages.............. 1 v.
713   —   Recettes économiques des petits
    ménages...................... 1 v.
714 L. Tranchant. — Le petit Jardinier amateur... 1 v.
715 A. Ducos du Hauron. — Photographie des couleurs 1 v.
716 E. Ducret. — Le Secrétaire enfantin............ 1 v.
717   —   Le Secrétaire des Cœurs aimants.. 1 v.
718   —   Le Secrétaire pour tous.......... 1 v.
719 G. Albert. — Manuel du Pâtissier-Biscuitier... 1 v.
720 E. Ducret. — Manuel complet de Cuisine...... 1 v.
721 J. Quillon. — Manuel de Gymnastique......... 1 v.

Chez tous les libraires : 0 fr. 20 — Franco-poste : 0 fr. 30

EXTRAIT DU CATALOGUE

MANUELS ET JEUX DE SOCIÉTÉ

801 Mickiewicz. — 100 Tours de cartes faciles...... 1 v
802 H. de Graffigny. — 100 Expériences électriques. 1 v
803   —   100 Expériences physiques. 1 v
804   —   100 Expériences chimiques. 1 v
805 J. Desloir. — L'art de tirer les Cartes......... 1 v
806 Comte de St-Germain. — L'Oracle du Destin.... 1 v
807 808 Mercurius. — Les Songes expliqués....... 2 v
809 J. de Riols. — Le Langage des fleurs........... 1 v
810 R. Théo. — Silhouettes à la main (Ombres faciles). 1 v
811 Caroly. — Tours faciles d'escamotage........... 1 v
812 E. Ducret. — Jeux innocents avec gages et pénitences. 1 v
813   —   Le Farceur parisien................. 1 v
814 Caroly. — 100 Récréations amusantes.......... 1 v
815 E. Ducret. — Oracle universel des Dames et des Demoiselles.. 1 v
816   —   Explication des Songes. Rêves et Visions 1 v
817 H.-M. Audran. — Encyclopédie des Jeux...... 1 v

901 L. de Beaumont. — Curiosités de la Science.... 1 v
902 Ed. Teyssonneau. — 100 Récr. mathématiques.. 1 v
903   —   Récréations enfantines à la veillée 1 v

SCIENCES OCCULTES

1001 De Rémora. — Doctrines et Pratiques du Spiritisme... 1 v
1002   —   Phénomènes du Spiritisme..... 1 v
1003 1004 Decrespe. — La Main et ses Mystères... 1 v
1005 1006   —   Manuel de Graphologie appliquée. 1 v
1007   —   Magnétisme, Hypnotisme, Somnambulisme 1 v
1008   —   Le Grand et le Petit Albert. 1 v
1009 L. Clément. — La Lecture de Pensées......... 1 v
1010 Dr Ely Star. — Astrologie populaire........... 1 v

Chez tous les libraires : 0 fr. 20 — Franco poste : 0 fr. 30